나는 여성 징병제에 찬성한다

나는 여성 징병제에 찬성한다

초판 발행 2017년 11월 28일

지은이 | 주하림
발행인 | 권오현

펴낸곳 | 돋을새김
주소 | 서울시 종로구 이화동 27-2 부광빌딩 402호
전화 | 02-745-1854~5 팩스 | 02-745-1856
홈페이지 | http://blog.naver.com/doduls
전자우편 | doduls@naver.com
등록 | 1997.12.15. 제300-1997-140호

인쇄 | 금강인쇄(주)(031-943-0082)

ISBN 978-89-6167-236-8 (03330)
Copyright ⓒ 2017, 주하림

값 13,000원

나는 여성 징병제에 찬성한다

돌을새김

| 차례 |

프롤로그 : 여자들아, 군대 가자!

민주주의를 쟁취해낸 선배들 덕에 나는 맥빠진 이념 투쟁의 끝자락에서 대학을 다녔다. 신자유주의에 던져진 내 또래들에게 중요한 것은 정답도 없는 '노오력'이었고, 그렇게 경쟁에서 살아남아야만 했다. 졸업 즈음에는 다 같이 모여 취업만 시켜준다면 간과 쓸개를 내놓는 연습을 했다. 그 중 일부는 간과 쓸개를 팔아 운좋게 대기업에 자리잡았고, 엉덩이에 진물이 나도록 열심히 공부해 나라 녹을 먹는 공무원이 되기도 했다. 안타깝게도 몇몇은 소식이 끊어졌다.

우리는 일제강점기도, 6·25도, 베트남 전쟁도, 화염병과 최루탄도 모두 TV와 책을 통해 알게 됐고, 세상을 조금 돌아볼 수 있게 됐을 때는 이미 누군가가 만들어놓은 시스템 속에서 뒤처지지 않도록 앞으로, 앞으로 걸어야만 했다. 전쟁과 절대적 가난의 고통을 겪었던 선배 세대들은 우리에게 '행복한 줄 알라'고 말했다.

누구나 자유롭게 생각하고 말할 수 있었으며, 손 안에서 내 생각을 전 세계 누구에게나 전달할 수 있는 '스마트'한 도구도 건네받았다. 다만 정해진 범위 내에서만 자유로울 수 있다. 자유민주주의. 일종의 '절대 반지' 같은 강력한 틀이다. 38선 이북의 '빨갱이, 북괴뢰군'이 우리를 잡아먹으러 곧 내려올 것이라는 무시무시한 이야기는, 마치 비오는 날 할머니가 들려주시는 옛날 구전동화처럼 아득하면서도 결국 시간이 흘러도 변치 않는 신화가 되어 우리 삶을 지배해왔다.

우리의 '주적'으로부터 우리가 사랑하는 가족, 친구 그리고 '절대 반지' 자유민주주의를 지키기 위해 우리는 군대에 가야 했다. 우리 국민들은 한 울타리 안에서 함께 오순도순 살기로 결정했기 때문에 이 울타리를 지키는 행위, 즉 '국방'은 이유를 따져 물을 것이 없는 당연한 의무가 되었다.

그리고 지금껏 자의든 타의든 그 의무에서 한 발 떨어져 있던 이 땅의 여성들은, 하루하루 살아가는 것도 너무 힘들기 때문인지 자신 있게 먼저 나서서 '나도 국방의 의무를 다 하겠다'고 외치기를 주저해왔다.

그래서 내가 외치기로 했다. 여성들도 군대에 가자고.

무엇이 두려운가? 우리는 이미 전쟁 중이다. 이 땅은 평화로운가? 당신의 어제와 오늘 그리고 내일은 안녕한가?

어떤가. 대뜸 여자도 군대에 가자 하는 걸 보니, 평화와 박애라는 보편적 인류애를 무시하고 전쟁이나 하자고 외치는 홀로코스트

지지자 같은가? 그럼 전쟁은 반드시 나쁘고 평화는 언제나 좋은 것인가? 총 들고 싸우며 서로 죽이지만 않으면 평화롭고 행복한 세상인가?

우리는 누군가의 인권을 지키기 위해 때로는 전쟁까지 불사하며 평화와 대립하기도 한다. 반면 어떤 사회에서는 단지 평화라는 허울 좋은 이름을 빌려 개개인이 가지고 있는 다양한 관점을 억누르고 내적 갈등과 억압을 불러일으키기도 한다. 어디가 더 살기 좋은 세상인가? 호수가 잔잔하고 고요해서 멋진 경치를 만들어내기만 한다면 그 물이 얼마나 썩어 있고 그 물 속에서 얼마나 많은 고기들이 죽어가는지 따위는 상관없는가?

지금부터 내가 얼마나 많은 개소리를 늘어놓을지 모른다. 여성 징병제라니… 수많은 여성과 남성에게 뜯어먹힐 것이다. 흔치 않은 구경거리다.

'네가 뭔데 군대를 가라마라야?'

나는 아주 쉽게 공공의 적이 될 것이다. 그렇지만 나는 '여성 징병제'가 여성과 남성 모두를 위해 필요한 것이라고 주장할 것이다. 내가 특별히 대단한 신념을 가진 정치가이거나, 공부 많이 한 박사님이라서 하는 말이 아니다. 이미 다들 알고 있었던 내용이다. 다만 그것이 가져올 파장과 부작용이 걱정되어 그동안 면전에 대놓고 꺼내지 못한 이야기일 뿐이다.

사실은 무섭다. 요새는 사람을 참으로 창의적이면서 동시에 끔찍하게도 공격하던데, 혹시 너무 격분한 누군가에게 테러를 당할지도 모르겠다.

그럼에도 불구하고 나는 이 개소리를 좀 해야겠다. 도대체 왜 여자가 군대에 가야 하는지, 그럼으로써 여자들이 얻는 것은 무엇인지, 남자들은 여자들이 군대에 가면 어떤 점이 좋아지는지, 그러기 위해서 함께 바꿔나가야 할 것은 무엇인지에 대해 떠들어볼 것이다.

나는 군사 전문가도 아니고, 오래 공부한 여성학자도 아니다. 그어떤 특별한 타이틀도 없다. 아마 조금이라도 많은 사람들에게 읽혀지기 위해 '전직 여군'이라든지 '공군장교 출신'이라는 것을 홍보에 활용할지는 모르겠다. 그러나 내 문장들은 완전하지 않을 것이고, 누군가가 이미 생각한 것을 내 식으로 다시 표현하고 정리해 짜맞춘 것에 불과할지 모른다. 무겁고 어려운 주제를 다루다보니 글을 쓰는 내내 예민했고, 나의 모자람을 뼈저리게 느꼈다.

내가 하는 이야기에는 모순이 많다. 사회적 약자나 소수자의 인권을 옹호하는 진보주의자이면서 동시에 보수의 상징이라 할 수 있는 안보의 중요성을 강조한다. 그 중에서도 핵심 쟁점인 '군대'와 '징병제'의 필요성을 역설한다. 심지어 약자들에게 군대를 일종의 인권 향상의 도구로 활용하자고 말한다. 상충 관계에 있어 보이는 이 두 가지를 같은 선상에 두고 동시에 주장하는 것이 진보주의자와 보수주의자 어느 누구에게도 이해받지 못하는 결과를 낳을 수도 있다는 것은 각오했다.

진보주의자와 보수주의자는 사회를 바라보는 눈과 도덕에 대한 기준 자체가 아예 다른 사람들이기 때문이다. 진보 진영의 사람들은 다양성을 중시하고 권위를 거부한다. 개인의 자유를 존중받고 싶어 한다. 그것이 주류에서 벗어나 있는 사회적 약자들을 위한 일이라고 생각한다. 반면 보수 진영은 사회 질서 유지를 가장 중요하게 생각한다. 질서를 지키기 위해서는 일부 소수의 희생은 감수해야 한다고 믿는다. 둘 관계에서 과연 타협이라는 것이 가능할까?

발달심리학이나 뇌과학에서는 한 인간의 가치관이 갓 태어난 유아기에도 이미 일정 부분 뇌 속에 형성되어 있다고 주장한다. 사람이 바뀌기란 애초에 매우 힘든 일이라는 것이다. 결국 우리는 통합을 추구하면서도 갈등과 반목을 반복하며 살아갈 수밖에 없는 존재들이다. 태생이 그렇다. 그래도 나는 그 중간 어딘가에 있을 희망을 찾고 싶다. 우리 인간에게는 '노오력'이라는 특별한 재능이 있지 않은가.

나는 진보주의자와 보수주의자, 또 여성과 남성 양쪽에 동시에 읍소한다. 온갖 차별과 혐오의 고통을 겪으며 살아 온 여성이라는 약자들에게는 자신의 권리를 주장하되, 보수주의자들이 중요하게 생각하는 '공동체의 질서'를 지키기 위해 함께 뛰어들자고 설득할 것이다. 그리고 여성이라는 약자에 대한 깊은 성찰 없이 단지 자신의 불편함만 생각하며 '여성도 징병하라'고 무작정 외쳐왔던 남성들에게는, 여성은 군대에 가지 '못'하고 있는 것이며 현재 남성만 징병하는 이 제도가 사실은 이 땅에 뿌리 깊은 여성 차별과 혐오를 여실히 보여주는 상징적인 의미를 내포하고 있음을 알려주고자 한다.

나의 이야기는 페미니즘과 공화주의적 시민의식이라는 큰 줄기로 펼쳐나갈 것이다. 다만 이해하기까지 한참 걸리는 복잡하고 전문적인 용어는 되도록 쓰지 않으려 했다. 페미니즘에도 자유주의부터 포스트모던 페미니즘까지 다양한 계파의 주장이 존재하지만 그것을 노골적으로 드러내지 않으려 애썼다. 그 중 어느 한 쪽이 옳다고 생각하지도 않거니와, 우리의 삶은 결국 모든 것이 뒤엉켜 있다고 생각하기 때문이다. 최대한 쉽고 평범하게 읽히기 위해 내가 생각하는 '상식'과 내가 듣고 겪은 '경험'을 위주로 서술했다.

많이 고민하며 쓴 글이지만 나의 거친 표현들에 상처를 받을지도 모르는 분들에게 미리 사과의 말씀도 드리고 싶다. 군대에는 내가 사랑하는 사람들이 아직 많이 남아 있고, 행여나 이 글이 나의 의도와는 다르게 공격적으로 느껴지지는 않을까 걱정도 된다. 그렇다. 나는 유약하고 부족하지만, 세상 모든 사람들은 근본적으로 평등하다고 믿는다. 내가 나의 생각과 방향이 옳다고 믿는 것처럼 다른 사람들도 자기 말이 제일 옳은 줄 알고 산다. 그래서 이 세상은 각자 자신만의 세계관을 가지고 살아가는 사람들의 갈등이 끊임없이 일어나는 곳이다. 나도 범인(凡人)의 한 사람으로서 내게 조금 더 유리할 것 같은 세상을 만들어보고자 한다.

'여성과 남성의 평등을 인정하는 누구든 페미니스트이다'라는 글로리아 스타이넘의 말에 용기를 내본다. 그리고 그 평등을 실현하는 가장 강력한 도구가 '여성 징병제'라고 감히 생각한다. 여성이 징병제를 통해 국가 공동체의 주요한 주체로서 국방의 의무를 다할 때, 이 살기 힘든 세상에서, 그동안 당연하지만 찾아오지 못했던 '평등'의 권리를 더욱 당당하게 요구할 수 있을 것이다.

제1장 갑자기 무슨 군대 타령?

나는 군대에 다녀왔다

나는 80년대 중반 대한민국 서울에서 태어난 여성이다. 나에게 국방의 '의무'는 없었고 지금도 없다. 그래서 군대에 가는 것을 '선택'했고, 공군 장교로 3년간 복무했다. 내가 경남 진주 공군교육사령부 장교교육대대에 들어선 순간부터 제대하는 그 순간까지 가장 많이 받았던 질문은 '(도대체) 군대는 왜 왔어?'이다.

 여기에서 한 가지 짚고 넘어가야 할 것은, 저 질문을 던지는 사람(특히 남자)들의 많은 수가 내가 군대에 간 것을 긍정적인 의미로 생각하지 않는다는 점이다. 사실 모든 논란을 다 떠나서, 장교를 좋은 직업의 하나로 선택하는 사람도 꽤나 많이 존재한다. 국가에 헌신한다는 멋진 직업 정신에, 안정적으로 먹고 살 수 있으며 숙소도 제공된다. 의복이나 장신구에 대한 고민도 없으니, 생활비 줄이기도 좋다. 소령 이상이 되면 퇴직 후 연금도 받을 수 있다. 그러니까 나 역시 군대를 직장으로 삼고 싶어서 공군에 들어왔으리라는 짐작도 충분히 가능했을 것이다. 그런데 가만 들어보면, '군대에 왜 왔느냐'는 질문의 뉘앙스가 단순하지가 않다. 그 질문 뒤에 조심스럽게 붙는 부가 질문이 있다. '너는 영어 성적도 높고 그럭저럭 스펙 괜찮다며 (다른 곳에 취직하지) 왜 굳이 군대에 왔어?'

군인들을 비하하려는 뜻은 전혀 없다. 이 질문에 동의하지도 않는다. 하지만 질문이 가진 속뜻은 따져볼 필요가 있다. 저 질문에 숨은 의미가 무엇인가? 군대는 여러 가지 선택지가 있을 때 굳이 골라서 올 만한 곳이 아니라고, 그만큼 메리트가 없다고 느낀다는 것이다. 자랑스러운 군대가 아니라, 되도록 피해야 할 곳이라고 생각하는 것. 우리 모두의 안전과 평화를 위한다는 군대의 존재 의미를 따져본다면 매우 아이러니하고 씁쓸한 상황이다.

내가 전역 후 가장 많이 들었던 질문은 무엇이겠는가. 당연히 '아니 기껏 가서 고생해 놓고 그럼 왜 나왔어?'다. 똑같은 질문에 지쳤던 그때는 대충 순간을 모면하기 위한 답변으로 넘겼는데, 시간이 지난 지금은 가끔 스스로에게 되물을 때가 있다.

나는 정말 왜 군대에 갔을까? 그리고 왜 나왔을까?

내가 군대에 갔다가, 다시 나온 이유

어릴 때부터 막연하게나마 군인이나 경찰이 되고 싶었다. 뭐 얼마나 진지하게 적성이나 성향 고민을 했겠나. 그냥 멋있었다. 누군가를 지켜주고, 목숨까지 거는 희생정신. 어차피 한 번 살다 가는 거라면 타인을 위해 내 목숨 바치는 것도 행복한 삶이겠다는 생각도 했던 것 같다. 내 타고난 성격과 자라온 환경, 모든 것을 종합했을 때 나는 거칠고 단단한 종류의 직업에 매력을 느껴왔다. 제복이 주는 환상도 조금 있었던 것 같다.

그런데 군인이라는 '직업'에 더욱 매력을 느꼈던 이유는, 그것이 특별한 결정이기 때문이었다. 다시 말하자면, 나를 특별하게 만들어주는 직업인 것이다. 웬만한 남자들은 다 가는 것이니 남자들에게는 이 직업이 그다지 특별할 이유가 없고, 여자들은 많이 뽑지도 않을 뿐더러 신체적, 정신적인 고통에 생활적으로도 많은 제약이 따르는 군인이라는 직업을 선뜻 선택하지 않는다. 전역한 지 수 년이 흐른 지금도, '저, 사실 공군 중위였습니다' 하면 나를 보는 상대

18

방의 눈빛이 대놓고 변하는 것을 느낀다. 대부분은 긍정적인 반응이다. 이제 와 자랑거리는 아니라고 해도 기분은 좋다. 그리하여 여군은 어떤 이유에서든 돋보이는 존재라는 것. 남들과 다른 나. 그렇게 특별한 삶을 살고 싶었던 것이 가장 큰 동기였던 것 같다. 평생나를 따라다닐 꼬리표가 될 것은 각오해야 했지만 말이다.

마지막으로 고백하건대, 나는 군대가 어떤 곳인지 잘 몰랐다. 방위 출신의 아버지는 내가 군대에 간다 하니 그저 너무나 좋아하셨다. 무슨 이유에서인지 주변 어른들은 모두 나를 자랑스러워했고, 멋있다고 추켜세워 주시기 바빴다.

역설적이게도 나는 군대가 그렇게까지 힘들고 군복무가 그렇게까지 어려운 일인 줄 몰랐기 때문에 군대에 갈 수 있었다. 나를 뜯어 말린 남자 동기와 선후배들의 말이 무슨 뜻인지 가기 전에는 알 수 없었다. 마치 보이스 피싱에 넘어가는 피해자의 모습 같다고 할까. 아무리 옆에서 말려도 홀린 듯 전화기 너머 사기꾼에게 보안카드 비밀번호를 불러주는 사람들 말이다. 군필자들은 모두 한 목소리로 가지 말라고, 가지 말라고 외쳤는데 한번 마음먹고 나니 그 어떤 조언도 잘 들리지 않았다.

군대에 가서 비로소 깨달았다. 그들이 왜 그토록 나를 말렸는지. 그러나 나는 똥인지 된장인지 찍어먹고 나서야 이게 뭔지 구분을 할 수 있는 부족한 중생이었다. 그래도 직접 맛을 봤으니 내 인생의 큰 경험했다고 스스로를 위안하며, 의무복무 3년만 딱 채운 후 민간인으로 돌아왔다.

그럼 군대가 똥이냐고? 에이, 내가 설마 그럼 여자들더러 모두 군대 가자고 하겠나. 나만 갔다 온 게 억울하다고 살살 꾀어서 어디 다들 똥맛 좀 봐라 하는, 이런 못된 사람이겠나, 내가. 다만 군대는 조금 짠 된장이었던 것이고 나는 짠 음식을 몹시도 싫어하는 사람일 뿐이다. 그런데 사실 된장은 우리 건강에 좋은 우리 음식이니 여러분도 같이 먹자고 권하고 싶은 것이다. 이 된장을 조금 덜 짜고 맛있게 다시 담그는 건 이제부터 우리가 함께 해나가면 될 일 아니겠는가.

군대는 어떻게 만들어졌을까?

군대 이야기를 본격적으로 해보기에 앞서, 이놈의 '군대'라는 것이 어떻게 생겨나고 유지되어 온 것인지 함께 감을 잡고 가는 것이 좋을 것 같다. 아주 오래 전 우리 인류의 조상들이 살았던 시대를 떠올려 보자.

A마을에서 사이좋게 살던 갑순이와 갑돌이는 먹고 살기 위해 매일 최선을 다했다. 갑순이보다 키가 크고 근육이 많고 달리기가 빠른 갑돌이는 나무에 올라가 열매를 따왔고, 어슬렁어슬렁거리다가 운이 좋으면 죽어 있는 토끼를 주워오기도 했다.

요 며칠 갑순이의 컨디션이 영 별로였다. 얼마 전 갑돌이와 눈이 맞아 잠자리를 한 후부터 갑순이는 속이 메스껍고 만사가 다 짜증나고 어지러워 누워만 있었다. 갑돌이는 '쟤가 또 왜 저러나' 하며 쳐다봤다. 주기적으로 피를 흘리며 힘들어하곤 했지만, 이번엔 피를 흘리는 것도 아닌데 갑순이의 얼굴이 창백하기까지 했다. 덜컥

겁이 난 갑돌이는 우선 갑순이에게 이것저것 먹이며 정성을 다해 보살폈다. 너무 많이 먹어서 그런가 갑순이의 배가 몇 달째 터질 듯이 부풀었다. 제대로 걷지도 눕지도 못하며 한숨 쉬는 갑순이. 그간 한 번도 보지 못했던 모습에 갑돌이는 마음이 아팠다. 그러다 어느날 갑순이가 동굴이 떠나가라 소리를 지르고 머리를 쥐어뜯고 쌍욕을 하다가 결국 눈물까지 흘리며 아파하더니, 갑순이 엉덩이 아래로 작은 살덩어리 두 개가 태어났다. 을돌이와 을순이. 쌍둥이였다.

그제야 이것이 나의 유전자를 널리 퍼뜨릴 자손임을 눈치챈 갑돌이와 갑순이는 을돌이와 을순이를 먹여 살리기 위해 더욱 바쁘게 움직였다. 갑순이가 을돌이 을순이를 품고 힘들어했던 지난 1년 가까이 혼자 열심히 먹이를 구하러 다닌 갑돌이는 근육도 더욱 단단해지고 건강해졌고, 동네 지리까지 훤히 꿰뚫게 되었다. 전에는 10시간이 걸리던 길을 5시간이면 다녀오게 된 것이다. 갑돌이가 그동안 말은 안했지만, 사실 혼자 열매 따러 다니는 것은 무척 무서운 일이었다. 쫓아오는 무서운 들짐승들 때문에 나무를 기어 올라가거나 죽어라 뛰어 도망친 게 수십 번이었다.

오랜만에 갑순이를 데리고 같이 먹이를 채집하러 갈 생각에 들뜬 갑돌이. 그런데 갑자기 을돌이 을순이가 발목을 붙잡는다. 곰곰이 생각해보니 을돌이 을순이만 남겨두고 가면 갑순이 갑돌이가 없는 사이 금방 다른 짐승들에게 잡아먹힐 것 같다. 을돌이 을순이는 과일도 풀뿌리도 못 먹고 빽빽 울어대는데, 어쩐 일인지 갑순이 젖꼭지를 물면 평온해진다. 자세히 보니 갑순이 젖꼭지에서 뿌연 물이 나온다. 어, 이게 뭐지? 갑돌이도 궁금해서 쭉쭉 빨아 먹어보는데 퉤퉤, 맛이 없다. 이건 너희나 먹어라. 그럼 잘됐다. 이참에 갑순이가 을돌이 을순이와 동굴에 남아 젖꼭지를 물리고 있으면 갑돌이가 얼른 가서 둘이 먹을 것을 주워오면 되겠다. 갑순이는 무서워하고 배고파하는 을순이 을돌이를 위해 이야기도 들려주고 노래도 불러주고 다독이면서 시간을 보냈다. 그러는 사이 병순이와 병돌이, 정순이와 정돌이도 태어났다. 태어날 때부터 허약했던 을순이는 어느 날 갑자기 숨을 쉬지 않아 멀리 묻어줬고, 을돌이와 병돌이는 제 아비인 갑돌이를 따라 동생들 먹일 거리를 찾아 나서기 시작했다.

그런데 갑자기 자기도 밖에 데려가라며 떼를 쓰는 정순이. 정순이는 정돌이보다 덩치도 컸고 재빨랐다. 눈도 좋아 멀리 있는 짐승을 빨리 발견했고 목소리가 커서 아버지와 오빠들에게 도망가라고 알려줄 수도 있었다. 갑돌이는 정순이가 제법 쓸 만하겠다며 데리고 나섰다. 한편 정돌이는 엄마 갑순이 손을 매만지며 꼼지락거렸다. 엄마와 함께 동굴에 남고 싶다는 정돌이를 두고 갑돌이는 정순이를 데리고 나갔다.

정돌이는 엄마와 함께 동굴을 정돈했다. 저번에 가져 온 열매 중에 아직 먹을 만한 것을 골라 한쪽에 쌓아두었다. 식구들이 싼 똥은

치우고 근처에 가서 마른 풀을 주워와 이부자리를 다듬었다. 정돌이가 특별히 몸이 쇠약한 것은 아니었다. 그저 엄마와 함께 오순도순 대화하며 포근한 보금자리를 만드는 게 좋았다. 그리고 저번에 한번 아빠 갑돌이를 따라 사냥에 갔다가 때려잡은 토끼가 피투성이가 되는 것을 본 후로는 잠도 잘 오지 않아, 더 이상 사냥에 나가고 싶지 않았다. 그렇게 조금씩 밖과 안의 영역을 구분해서 제 역할들을 해나가기 시작했다.

평화로운 시간들이 쌓여가던 어느 날, 먹다 뱉은 씨앗을 묻어두었던 자리에 식구들이 예전에 주워 와 먹었던 열매가 불쑥 나타났다. 병돌이가 우연히 만들어 낸 불씨는 추위를 벗어나게 했고, 다양한 짐승을 위협해 잡아먹을 수도 있게 됐다. 무엇보다도 짐승을 불에 구워 먹으면 배탈이 안 난다는 게 좋았다. 하루가 멀다 하고 지독한 똥냄새 방구냄새에 시달렸는데 한 방에 해결이 된 것이다. 그렇게 점점, 오늘 잡은 고기와 오늘 수확한 곡식으로 일 주일, 한 달씩 먹고 살 수 있게 되면서 이제는 씨앗을 뿌릴 비옥한 땅을 찾아다니기 시작했다.

행복했던 시절도 잠시. 갑돌이가 호시탐탐 노리던 땅에 살고 있던 놈들이 식구들이 모두 잠이 든 사이에 쳐들어 와서는 땅도 내놓고 곡식도 내놓으란다. 손에 든 것이 무언가 하고 보니, 돌보다 단단하고 날카로워 보인다. 한 번 휘두르면 여러 사람이 쓰러졌다. 세상이 달라졌다. 평화는 끝났다.

갑돌이와 갑순이는 머리를 맞댔다. 이 난국을 어떻게 헤쳐나갈 것인가.

"좋아, 내가 키가 크고 힘이 세니까 일단 먼저 나가서 저들과 싸우도록 하지."

갑돌이의 당찬 포부에 갑순이가 답했다.

"그래, 그럼 내가 우리 살림이랑 아이들을 보호하고 있을게. 네가 싸울 때 먹을 음식도 공급해야 할 거 아냐. 꼭 살아서 만나자."

갑돌이가 깜짝 놀랐다.

"무슨 소리야. 을돌이랑 병돌이, 병순이, 정순이, 정돌이도 나랑 같이 나가야지. 나 혼자 어떻게 싸워. 죽으란 소리야?"

곰곰이 생각해보니 갑돌이 혼자는 힘들 것 같았다.

"좋아. 그럼 정돌이 대신 정순이만 데리고 가. 정순이가 더 도움이 될 거야. 나는 정돌이랑 남아서 우리 집을 지키고 있을게."

그렇게 '우리'를 지키고 살아남기 위한 군대가 생겨났다.

그 중 유난히 힘세고 날렵한 어떤 이가 연거푸 승리를 따냈고, 이제 더는 먹어치울 수 없을 만큼의 많은 식량과 다 돌아다니지도 못할 만큼의 넓은 토지를 얻게 됐다. 최고가 된 것이다. 다만 한 가지, 잠을 편히 잘 수가 없었다. 잠을 잘 때만큼은 힘을 쓸 수가 없고, 그때 누군가 나를 죽이러 올지 모른다는 두려움에 사로잡혔다. 내가 잠을 잘 때도 나를 지켜줄 만한 대책이 필요했다. 그는 그의 유전자를 가진 아들에게 속삭였다.

"아들아, 내가 죽으면 내가 가진 모든 것을 너에게 주겠다."

그러자 그 아들이 당장 아버지를 죽이려고 돌도끼를 집어 들었다.

"오, 진정해, 아들. 네가 지금 나를 죽이고 이것을 가진다 한들, 너라고 영원히 살겠느냐? 다들 너를 죽이고 또 이것을 차지하려 하겠지. 그럼 그냥 계속 죽고 죽이는 게 반복될 뿐이야. 너도 이 모든 부귀영화를 누리다가 네 아들에게 물려주고 가야 하지 않겠니?"

"그래서 어떻게 하라고요."

퉁명스러운 아들에게 아버지가 다시 한 번 속삭였다.

"우리가 이것을 가져야만 하는 이유를 사람들에게 납득시키자."

그 후 오랜 시간 동안 종교를 이유로, 영토 확장을 이유로, 생존과 경제적 번영을 이유로 수많은 전쟁이 일어났고 그렇게 많은 사람이 죽어나갔다. 권력자들은 자신을 지켜주는 대가로 밥과 돈을 주며 용병을 고용하기도 했다. 근대국가에 들어서면서 군대는 단지 왕이나 영주를 지켜주기 위한 사조직을 넘어섰다. 내가 소속된 국가와 집단을 지키기 위해 필수불가결한 조직이자 합법적 폭력 집단이 된 것이다.

지금처럼 조직적이고 체계적인 군대는 아니더라도, 군대의 탄생은 간단하다. '내 편'을 지키고 '남의 편'과 싸우기 위해 만들어진 것이다. 그러다 보면 좋든 싫든 내 편끼리는 뭉쳐야만 하는 결과를 낳았다. 효율적인 단합을 위해서는 질서가 필요했다. 내 편 중에서도 돈 있고 힘 있는 자의 말을 들어야 했다. 내 편 중 힘없는 다수의 희생은 필연적으로 발생하게 된다. 자연스럽게 내 편끼리도 물고 뜯는 싸움이 이어진다.

언제나 그랬지만, 나라가 시끌시끌하다. 사상 최초로 대통령이 탄핵되어 물러났고, 덕분에 5월에 대선을 치러 마침내 새로운 대통령이 탄생됐다. 하지만 당장 이 '헬조선'을 빠져나가기는 쉽지 않을 것 같다. 당장 해결해야 할 과제가 산처럼 쌓여 있는데 그놈의 정치판은 뭐가 그리 복잡한지 도통 양보가 없다. 무엇보다도 빈부 갈등, 지역 갈등, 성별 갈등, 세대 갈등이 만연하다. 살기가 각박해져서 그런지, 요 근래 극악무도한 범죄가 갑자기 더 늘어난 것만 같기도 하다. 사람들이 분노조절을 하지 못해 아무 곳에나 화풀이하고 심지어 별 다른 이유도 없이 살인까지 하는 사건들이 터지고 있다. 얼마 되지도 않는 인구가 여러 집단으로 쪼개져 서로를 미워하고 죽이지 못해 안달이다.

나라 밖도 어지럽다. 트럼프의 미국은 말로는 '동맹국, 그 이상'이라고 하면서 툭하면 경제와 국방을 볼모로 협박 같은 협상 카드를 내밀며 우리를 목 조른다. 북한은 눈치도 없이 펑펑 핵실험을 해 대며 여전히 도움 안 되는 마이웨이를 달리고, 중국도 도통 우리 편인지 남의 편인지 알 수 없게 저울질하며 우리를 약 올린다. 일본은 위안부 문제에 대해 아직도 '쟤가 원해서 같이 한 거야'라고 우기는, 몰염치한 성 범죄자처럼 군다. IS라는 단체는 알라를 위해서라면 모두 다 죽여도 된다고 생각하는지 지치지도 않고 이 동네 저 동네 돌아다니며 폭탄테러를 일삼는다. 유럽도 복잡하다. 영국은 EU가 본인들에게 영 도움이 안 된다 생각했는지 브렉시트를 결단했고, 프랑스는 대혁명의 시조답게 그동안 믿어줬던 정치인들을 싹 물갈이 했다. 그 와중에 절대적 빈곤에 시달리는 가난한 나라의 사람들은 쓰레기통이라도 뒤지면 먹을 것이 나올 만한 나라들을 찾아 목숨을 걸고 국경을 넘는다. 그리고 이유 모를 범죄에 두려움을 느끼는 사람들은 몇몇 사례를 근거 삼아 난민이나 외국인 노동자들에게 비난을 돌린다.

어디를 둘러봐도 한숨이 나온다. 하지만 대단히 놀라운 일도 아니다. 세계는 늘 이렇게 굴러왔다. 다만 기술의 발전으로 서로를 공격하는 방법이 다양해졌을 뿐. 옛날에는 총칼 들고 만나야만 싸움이 가능했다면, 이제는 인터넷 해킹 한 번으로 적군이 스스로 자폭하게 만들 수도 있게 됐다.

적이 꼭 외부에만 있는 것도 아니다. 한 나라 안에서도 '있는 놈'

과 '없는 놈'의 격차는 극단으로 치달았고, '있는 놈'들은 '없는 놈'들끼리 싸우게 만들면서 점점 더 영악하게 자신의 위치를 지켜가고 있다. '있는 놈'이 되고자 하는 욕심은 인간의 본성이라는 이름으로 보호받았고, 자본주의라는 경제체제를 통해 확고해졌다. 우리는 이제 그 자본주의 안에서 '있는 놈'이 되기 위해 노력해야 할 뿐이고, '있는 놈'이 되지 못하는 건 '내 노력이 부족하기 때문'이라는 자책을 하며 피곤하게 살아가고 있다.

그렇다고 세상이 가만히 있기나 하나? 이번에는 '4차 산업혁명'이란다. 아직 3차 산업사회에서도 근근이 살고 있는데, 뭐가 뭔지 잘 모르겠는 미래 산업에 대해 다들 빅데이터가 뭐니, 이제는 '강한 인공지능'이니 뭐니 하며 이러쿵저러쿵 이야기한다. 지금의 일자리 중 70%는 사라질 것이라는 무서운 이야기도 떠돈다. 우리 인류 전체에게 유리한 건지 불리한 건지는 아직 불분명하다. 단 하나 단정할 수 있는 건, 시간이 지날수록 강자는 더 강해지고 약자는 더 약해진다는 사실이다. 아무리 기술이 발전해도 돈 없는 사람은 기술의 소비자가 될 뿐, 생산자는 될 수 없다. 기회가 없는 사람은 새로운 세상에 적응하지 못하고 밀려난다. 가뜩이나 사람들끼리 경쟁하는 것도 힘들어 죽겠는데, 로봇과 인공지능까지 사람의 영역을 넘본다 하니 한숨이 나올 뿐이다. 끊임없이 반복되는 전쟁이다.

그래서 군대를 꺼내들었다. 한시도 쉬지 않고 변화하는 세상, 한

뼘이라도 더 높은 자리에서 우위를 점하기 위해 우리는 다양한 방법으로 크고 작은 전쟁을 치른다. 분노와 공포가 공존하는 이 세계에서 전쟁은 사라질 수 없다.

게다가 대한민국은 어떤 상황인가? 휴전국. 별것 아닌 세 글자가 우리를 옭아맨다. 전쟁을 제대로 끝내지도 못한 채 눈치보고 있는 국가다. 군대는 오랜 시간 우리 삶에 어마어마한 영향을 끼쳐왔다. 이 땅의 남성들은 반드시 한번은 거쳐야 하는 통과의례인 신체검사. 웬만한 등급은 최소 4주라도 총 들고 뛰는 훈련을 경험해야만 한다. 평소에는 안전 불감증이 아닌가 생각될 만큼 평화롭게 살아가지만, 북한이 핵 실험을 한다느니, 미사일을 쏘아본다느니 하는 예측 불가능한 도발을 할 때마다 '혹시' 하며 피난 짐을 싸야 하나 우물쭈물 하게 된다. 6·25를 직접 겪었다는 노인들은 '빨갱이'라는 말에 자다가도 경기를 일으킨다.

북한만이 문제가 아니다. 우리를 둘러싼 땅덩이 넓고 돈 많은 나라들이 자꾸 이래라저래라 간섭한다. 선거철만 봐도 안보, 국방은 늘 우리에게 중요한 이슈이다. 시시때때로 정치인이나 그 자녀, 연예인 병역비리 사건으로 시끄럽다. 여성 징병제 역시 대중들 사이에서 끝도 없이 튀어나오는 주제다. 우리는 왜 이렇게 군대에 민감한가. 이제 군대를 제대로 짚고 넘어가야 할 때다.

우리가 군대에 예민한 이유

여러 가지 이유가 있겠지만, 군대에 예민해진 가장 큰 계기는 역시 식민지배와 6 · 25 전쟁 경험이 아닐까 싶다.

식민지배. 우리에겐 아주 아픈 역사다. 서구에 의해 '발견'되어 자신이 살던 곳을 빼앗기고 가족도 잃은 채 노예로 살았던 아프리카 사람들이나 아메리카 원주민들. 꽤 오랫동안 식민 지배를 당하고 인간 이하 취급을 받았던 그들의 역사도 마음 아프지만, 우리는 우리 나름대로 그들보다 더 오랜 시간 동안 주변 나라들 눈치보고 짓밟히며 살아온 슬픈 역사가 있다.

조금 더 거슬러 올라가면 고려시대쯤 되려나. 앞은 대머리고 뒷머리는 예쁘게 땋아 묶은 황비홍 같은 작자들이 정말 땅끝마을같이 작은 반도까지 굳이 기어내려와 그야말로 작살을 냈다. 전쟁의 패인은 분석하고 말고 할 것도 없었다. 척박한 환경에서 살아남기 위해 유목민들은 이곳저곳으로 세력을 확장해야만 했고 그렇게 몇 세대에 걸쳐 강인함과 용맹함을 온몸에 아로새겼을 것이다. 우리도 고대국가 고구려, 백제, 신라, 가야 등을 거치면서 전쟁이 뭔지 대충 감은 잡았을 테지만 그 규모나 절박함에서 그들을 따라갈 재간은 없었다. 그래도 버티고 버텨서 완전한 속국이 되지는 않았다는 게 자랑이라면 자랑이다. 하지만 그렇게 시작된 수난은 조선까지 이어졌고, 아무리 자주국가로서 살아보려고 발버둥쳐도 한 번 빠진 늪에서 벗어나기란 쉽지 않았다.

고려, 조선이라는 나라로 살아오면서 중국 황제들에게 뭐라도 조공을 하지 않은 적이 없다. 왕이 바뀌면 그 명분과 정통성을 인정받으려 중국에 사신도 보내야 했다. 아마 중국이 고구려가 자기네 역사라는 둥 우리나라 입장에서는 말도 안 되는 소리를 하며 우기는 것도, 그들은 지금껏 한 번도 이 나라가 자신들의 지배국가가 아닌 적이 없다고 믿기 때문 아닐까. 우리는 그렇게 가깝고 힘세고 욕심 많은 나라에게 오랫동안 '자주국가인 듯 아닌 듯 자주국가 같은' 위치에서 애매한 지배를 받고 살았다. 더 불행한 것은 그 상대가 중국만이 아니었다는 점이다.

절박했던 인간들이 또 있었다. 우리에게는 한동안 계몽하고 가르쳐야 할 대상이었던 무지몽매한 섬나라 원숭이들이 어느새 우리를 때려잡겠다고 상륙한 것이다. 임진왜란, 정유재란. 결국 조선 후기에는 남의 나라 왕비를 죽이기까지 했다. 내 식구가 아무리 못나고 미워도 남의 식구가 와서 욕하고 때리는 건 또 참을 수 없는 일 아닌가. 그렇게 일제강점기라는 수모까지 겪었다. 이쯤 되면 더 말해봤자 입만 아프고 속만 상한다.

'삼면이 바다'인 우리나라는 위에서 내려오면 도망갈 곳이 없어 죽었고, 아래로는 어떻게든 대륙에 진출해보고자 하는 섬나라 사람들에게 시달렸다.

그나마 그래도 비슷하게 생긴, 우리 학교 일진들이 때릴 때가 나았다. 대충 빵 셔틀 좀 해주면 편히 쉬게 해줄 때도 있고 우리 반 안에서는 나를 왕으로 대우해줄 때도 있었다. 그런데 갑자기 옆 학교에서 코쟁이 일진들이 몰려왔다. 세계가 하나 되는 글로벌 시대의 시발점이 하필 우리나라였나보다. 러시아가 슬그머니 내려와 제 영향력을 보이고 싶어 하더니, 저 멀리에서 미국, 프랑스 너나 할 것 없이 '코 큰 양놈'들이 우르르 몰려오기 시작했다. 지금 생각하면 우리가 뭐 그렇게 매력적이었는지 모르겠다. 크지도 않은 나라에 먹을 것도 많지 않았을 텐데 왜들 그렇게 여기저기에서 우리와 뭐라도 해보려고 군침을 흘렸을까.

미국사람 마이클이 갑자기 갑순이(저 위의 갑순이 말고 새로운 갑순이)에게 사귀자고 한다.

"그동안 보지 못했던 아름다움을 너에게서 발견했어. 나는 아무래도 이 마음이 사랑인 것 같아. 나와 함께 하지 않을래?"

"꺼져."

예상치 못한 갑순이의 박력에 마이클은 더욱 달아올랐다.

"갑순아, 널 꼭 갖고 싶어. 우린 함께 행복할 수 있을 거야."

하지만 갑순이는 말도 잘 통하지 않는 마이클이 영 내키지 않았다. 마이클과 결혼하면 우리집 제사는 누가 모시고, 소는 누가 키울 것인가. 갑순이는 계속해서 거절했다.

그러자 마이클이 돌연 갑순이를 무력으로 제압하기 시작한다. 다짜고짜 뺨을 몇 대 때리더니 정강이를 발로 차 무릎을 꿇리고, 머리채를 움켜잡고 끌고 가려 한다. 갑순이는 사력을 다해 저항한다. "나를 때려죽이는 한이 있어도 나는 못 간다! 나를 밟고 가라!"며 있는 힘껏 덤벼보지만, 마이클의 머리털 몇 가닥 뽑고 얼굴에 손톱자국 생채기 조금 나게 한 것 뿐이다. 마이클은 화가 머리끝까지 났다. 이제 쌍방과실이란다. 너의 도발을 더 이상 좌시할 수 없다는 둥, 알아듣지도 못할 영어로 고래고래 소리를 지르더니 갑순이의 초가집에 불까지 지른다. 그리고 갑순이에게 마지막 한 마디를 던진다.

"너 지금 나랑 같이 가지 않으면 너희 가족 다 죽이고, 너희 동네 전부 다 불지르고, 너희 조상 무덤까지 파헤칠 거야."

아, 불쌍한 갑순이. 갑순이는 제 한몸 죽는 것은 여한이 없으나, 우리 가족, 우리 동네, 우리 조상을 건드리는 것만큼은 '그래, 네 마음대로 해라' 하며 외면할 수 없었다. 결국 갑순이는 눈물을 흘리며 마이클을 따라 나선다.

뉴스에 나오는 국제 데이트 폭력 장면 같은가? 우리는 오랫동안 갑순이로 살았다. 우리나라, 우리 민족에게 '그때 왜 그렇게 밖에 못했냐'고 따지는 것은 가혹한 2차 가해다. 힘 있는 자가 모든 것을 가져가는 세상에서 우리는 작고 힘 없는 약자였고, 자연스레 피해자가 되었다.

물론 이런 가운데에도, 자기들만 잘 먹고 잘 살려는 우리 안의 강자, 내부자들도 있었다. 그들은 외부 강자에게 기생하여 자신들의 위치를 지키려 애썼다. 때로는 내부의 적들이 더 무서웠다. 그들의 대부분은 이기적인 지식인, 눈치 빠른 기회주의자 또는 탐욕스러운 재력가였다. 그때도 이미 가진 게 없던 자들은 힘 있는 자에게 줄을 설 만한 여유조차 없었다.

시간이 지나면서 소수 특정 계층에게 짓밟히는 것이 못마땅해진 다수들이 슬금슬금 들고 일어선다. 혁명이 일어날 것이 두려운 소수는 다수들이 서로 미워하고 싫어하도록 싸움을 붙인다.

자신들은 엄청나게 견고한 성 안으로 숨어버리고는, 성으로 들어오고 싶어 하는 사람들에게 짚으로 만들어진 울타리를 선심 쓰듯 하나 쳐준다. 울타리 안에서 성으로 들어가는 길은 하나뿐이다. 걷어차면 금방 부서질 듯 흐물흐물한 사다리. 성 안의 권력자들은 너희 중 센 놈을 하나씩 뽑아서 사다리를 통해 성으로 데려가겠다고 말한다. 그러자 울타리 안 사람들의 작전이 바뀐다. 다 같이 합심해서 성문을 부숴버릴 기세는 온데간데 사라지고, 어떻게 하면 사다리에 먼저 올라탈 것인가 고민에 빠진다. 성 안의 강자에게 덤빌 능력이 당장 갖춰지지 않으니, 자연히 울타리 내부로 시선이 쏠리는 것이다. 그 다음은? 디딤돌이 되어 줄 약자를 찾기 시작한다. 자기가 밟고 사다리 위로 올라 갈 수 있으려면 아무리 밟혀도 아픈 줄 모르고 우직하게 엎드려 있을 사람으로 잘 골라야 한다.

이것은 어쩌면 필연적이다. 강해야만 살아남을 수 있었던 그 오랜 우리 역사를, 이제 와 다 잘못된 것이라고 부정하고 거부하기란 쉬운 일이 아니다.

역사에 If가 무슨 소용이겠느냐만, 한번 생각해보자.

임진왜란이나 이순신 장군 관련된 영화를 보다보면 참 많은 상상을 하게 된다. 아, 저때 거북선이 조금만 더 있었더라면. 우리도 미리미리 십만 군사를 양병해 두었더라면. 아쉬움에 탄식하게 된다. 그럼 우리의 역사가 어떻게 바뀌었을까.

우리가 사실은 아무도 모르게 미리 전쟁 준비를 하고 있었다면, 일본이 영차영차 배 타고 바다 건너 왔을 때 이미 우리는 엄청난 성능의 망원경으로 일본이 넘어오는 것을 보고 있었다면, 포르투갈에서 일본에 우연히 전해졌다는 그 조총과 대포가 일본군이 아닌 우리 손에 들려 있었다면, 아주 잘 정리된 지도를 들고 어느 지형에서 전투를 하면 우리에게 유리할지까지 미리 생각을 다 정리해 놓고 있었다면, 우리만의 군대가 충분히 갖춰져 독자적으로 전쟁을 치를 수 있었다면, 그래서 명나라 군대의 도움을 안 받아도 끝까지 버텨낼 수 있었다면, 그러면 치욕스러운 과거가 조금이나마 바뀌지 않았을까. 아니, 더 나아가보자. 어떤가, 어차피 상상인데.

일본이 쳐들어오자, 그동안 연습했던 것을 실전으로 옮길 수 있다며 신이 난 군인들이 신식 무기들로 일본군을 몰살시켰고 그 기세로 일본 본토까지 건너가 모두 죽이고 일본이 갖고 있던 기술 좋은 물건들을 다 가져왔다면, 일본 사람들에게 돈 한 푼 안 주고 광산을 파고 철길을 만들게 했다면, 일본 사람들을 끌고 와서 중국과의 전쟁에 앞세우고, 일본 여자들을 좁은 방에 가둬두고 매일 성폭행 하고 그렇게 '위안'을 받은 군인들이 계속해서 승리했다면, 우리는 지금보다 행복했을까?

너무 극단적이고 끔찍한가? 일본이 아니라, 우리가, 우리 대한민국이 전쟁에서 이겼다면 '일본놈들'처럼 저렇게까지 무자비하게 괴롭히지는 않았을까? 우리는 최소한으로만 승리하고 죄 없는 백성들은 죽이지 않았을까? 글쎄, 그렇게 생각함으로써 우리가 스스로의 양심에 면죄부를 줄 수 있을지는 모르겠다. '부자가 천국 가는 것이 낙타가 바늘귀에 들어가는 것보다 어렵다'는 마태복음의 구절이 못 가진 자들에게 위안이 되는 것처럼 말이다. 요새 말로는 '정신 승리'라고 표현하더라.

하지만 세상은 그리 도덕적이지 않다. 내가 승리자가 되면 '나는 절대 그러지 않을 것'이라고 장담할 수도 없다. 세상은 그리 이상적이지 않다. 생각해보자. 지금이라도 우리가 일본에게 사과를 요구하는 것이 과연 일본이 반성했기 때문인가? 독립투사들이 목숨까지 바쳐가며 나라를 구하기 위해 노력했지만, 대한민국의 독립을 100% 우리 힘으로 이루어냈나?

결국에는 세계전쟁에서 일본이 졌기 때문에 우리나라가 독립한 것이다. 그리고 우리가 그 사이 그나마 조금씩 기어올라왔기 때문에 일본의 추악했던 행위들이 세상에 공개된 것이다. 나치 독일도 마찬가지다. 독일이 졌기 때문에, 유대인이 세계 곳곳 주요한 포지션에 자리잡고 있기 때문에, 나치가 행한 극악무도한 짓들이 더 크게 밝혀진 것이다.

좋다. 어쨌거나 일본이 졌다. 그래서 우리에게 완전한 독립이 주어졌나? 이번엔 미국과 러시아다.

정신없이 주어진 독립 상황에서 열강들은 우리에게 생각할 시간도 충분히 주지 않고 어떻게든 갑순이네 땅을 제 것으로 만들고 싶어 군침을 흘렸다. 때를 놓치지 않은 국내의 기회주의자들은 제 살길만 모색하다가 결국 나라를 반 갈라서 서로에게 총칼을 겨누게 만들었다.

세상은 그렇게 힘의 논리로 굴러간다. 처음부터 끝까지. 좋고 싫음의 문제가 아니다. 어딘가에서 진화를 한 것이든지, 아님 하나님인지, 조물주인지, 빅뱅인지 그 누가 만들었든지 간에, 우리는 그렇게 살아가도록 처음부터 디폴트값이 설정되어 있다. 아무리 바꾸려 해도 결정적인 순간에는 초기화된다.

우리 조상들이 누군가를 죽이고 빼앗아야만 하는 세상의 논리에서 조금 동떨어진 고고한 선비의 삶을 살아 온 대가로, 우리를 지배하려고 쳐들어 온 외부인들의 손에 죽어나가야 했다는 것. 그것이 지금까지 이어지는 대한민국의 운명 아닌 운명이다. 그리고 그 대가로 우리 국민의 주요 단어 목록에는 반전이나 평화운동보다는 '강한 군대'나 '국방력 강화'가 당연하게 자리잡게 되었다.

짠. 눈치빠른 사람은 발견했을지 모른다. 인류 역사를 떠올리면서, 전쟁사를 되짚어보면서, 우리나라 안과 밖에서 벌어진 모든 전쟁 같은 상황에 대해 설명하면서, 약자와 패자는 '갑순이'로 표현됐다는 것을. 갑순이는 여성을 대변한다. 승리자, 강자에는 아버지와 아들을 대입시켰다. 아무도 어색하게 생각하지 않았을 것이다. 여성은 전투나 생존을 위한 신체적 능력이 남성에 비해 뒤떨어진다고 여겨지기 때문이다. 똑같은 공을 던지라 하면 남성이 더 멀리 더 빠르게 던지고 똑같은 거리를 뛰라 하면 남성이 더 빠르게, 그리고 오래 뛸 수 있었다. 그리고 그 약함을 이유로 여성은 패배해왔다. 중간에 잠깐씩, 힘이 세고 재빠른 정순이와 엄마 옆에 머물기 원하는 정돌이가 등장했지만, 그것은 예외에 가까웠다. 그래서 그들을 설명할 때도 굳이 구구절절 그들의 행동에 대해 설명을 덧붙여야 했다. 왜일까? 남성과 여성은 원래 그렇게 태어났기 때문일까?

제2장 군대에 가기 싫은 남자, 가지 못하는 여자

여자는 군대에 가기엔 너무 약하다?

사실관계를 떠나서, 나는 여성이 약하다는 말을 하고 싶지 않다. 물리적, 신체적, 과학적이라는 용어를 붙여가면서 '원래 그렇다'라는 말을 하는 것이 싫다. 100명 중 1명이라도 그렇지 않다면 100% 정답이 아니라고 생각하기 때문이다. 어쨌거나 '경향성'이라든지 '특성'이라는 이름의 논리들은 언제나 나를 속상하게 만든다. 나는 그렇게 살아오지 않았기 때문이다.

학교에 입학하기 전 꼬꼬마 어린이 시절, 나는 우리 아파트 통로의 대장이었다. 엘리베이터가 없는 5층 임대 아파트 건물. 한 층에는 1호와 2호 두 집이 대문을 마주하고 있었다. 그것을 '우리 라인'이라고 불렀다. 우리 동 우리 라인에는 열 개의 집이 같이 살았다. 열 개의 집이 모두 어울려 놀지는 못했고, 또래 아이들이 함께 살았던 1층, 3층, 4층의 다섯 집은 아이들이 어울려 노는 만큼 어른들의 사이도 각별해졌다. 여름휴가도 같이 다니고, 주말에는 한강변에

나가서 삼겹살도 구워먹었던 기억이 기분 좋게 떠오른다. 중간 중간 이사를 오간 집들이 있긴 했지만, 몇몇 집은 친척들만큼이나 가깝게 지냈다. 우리 집이 새로 분양받은 고층 아파트로 이사 간 중학교 2학년 때까지 내 친구의 범주는 '학교 친구'와 '동네 친구' 두 가지로 크게 나눌 수 있었다.

동네 친구 중에서도 특히 나와 친했던 친구는 우리 윗집에 살던 남자애들 둘이었다. 그 남자애 둘은 형제였는데, 나랑 동갑인 친구와 우리보다 한 살(하지만 생일이 빨라 2개 학년이 높은) 오빠였다. 이렇게 셋이 자주 어울려 놀았다.

제일 즐겨했던 놀이는 야구였다. 지금도 20년이 넘도록 응원하는 프로야구팀이 있지만, 어릴 때부터 아버지의 영향을 받아 야구를 좋아했다. 야구라고 하니 거창해 보이지만, 우리 동 앞 모래놀이터에서 누군가 테니스공을 던지면 타자는 나무방망이로 받아치는 단순한 놀이였다. 비록 선수는 셋이었지만 투수, 포수, 타자 하나씩은 맡아서 할 수 있으니 그럭저럭 놀 만했다. 나는 공을 꽤나 잘 던졌다. 하루는 친구가 내 공을 잘 받아쳐서 그 공이 정면으로 날아와 내 입술과 턱을 가격해 피를 흘렸다. 하지만 울지 않았다. '울면 지는 거다'라는 묘한 감정에 삐져나오려는 눈물을 꾹꾹 눌렀다. 그렇다고 화를 낼 수도 없었다. 경기 중에 일어난 어쩔 수 없는 상황이었기 때문이다. 그때 나는 매우 괜찮은 척, 쿨한 척을 했던 것 같다.

우리는 레고블록으로 놀기도 좋아했다. 상상 속의 마을을 건설하고 이야기를 만들어갔다. 위 아랫집인 우리 집과 친구 집을 오가며 놀았다. 가끔은 우리를 경쟁시키는 어른들의 채찍질로 인해 비장하게 마주 앉아 장기를 두기도 했다. 피아노를 좋아하던 오빠는 현란한 손놀림으로 김건모의 '잘못된 만남'을 연주했고, 그때 억지로 피아노를 배우러 다니고 있던 나는, 늘 섬세하게 연주를 잘 하는 오빠와 비교를 당해야 했다.

하루는 셋이서 자전거를 타고 몇 시간 거리나 되는 한강변까지 갔다가 간신히 돌아온 적도 있었다. 호기롭게 집을 나섰는데 생각보다 목적지는 너무 멀었고, 돌아올 때는 너무 지쳐서 눈물을 참으며 자전거를 끌고 걸어와야 했다. 그래도 그땐 그게 낭만이었다. 부모님께 혼나는 것과 별개로 우리는 뭔가 모험을 성공했다는 기쁨에 스스로가 대견스러웠다.

우리의 놀이에는 경계가 없었고, 그 어떤 제약도 없었다.

셋이 키도 비슷했고, 덩치도 큰 차이가 없었다. 오히려 또래보다 체구가 작았던 오빠를 놀리거나 오빠에게 덤비며 몸싸움도 종종 했는데, 특히 내 친구는 제 형에게 폭력을 구사하기도 했다. 그러면 오빠는 울면서 먼저 집에 가던 일이 비일비재했다. 싸움이 격해지면 나는 살짝 뒤로 빠져서 가만히 보고 있긴 했지만, 내심, 힘이 약한 사람이 맞는 것은 당연하다고 생각했던 것 같다. 그래서 동생이 감히 형에게 덤비는 것에 문제가 있다고 판단하기보다는, 형인데 왜 맨날 동생한테 맞는지, 형의 자질을 문제 삼았던 것 같다.

그러던 어느 날. 오빠가 중학교에 가고, 이제 더 이상 우리랑 잘 놀아주지 않는 느낌을 받을 즈음 또 한 번 큰 싸움이 벌어졌다. 형제의 기 싸움은 어마어마했다. 매번 형을 제압했던 동생은 자신만만했고, 어느새 덩치가 꽤 커진 형은 오늘은 맞아주지 않겠다는 각오를 다졌다. 그리고 그날, 우리가 함께 야구를 하던 그 놀이터 미끄럼틀 위에서 동생은 형에게 죽도록 쳐 터졌다. 그것은 내 유년 시절의 충격적인 사건 중 하나였다. 동생은 거의 얼굴에 피가 흐르도록 맞았고, 그날 이후 그 둘은 싸우지 않았다. 서열이 정리된 것이다. 나는 약자에게 강하고 강자에게 약한 전형적인 '찌질이'였기에 조용히 뒤로 물러나 그들을 지켜보다 집으로 도망쳤다. 그 후로 우리는 조금 멀어졌고, 나는 학교 친구들과 노는 것에 더 바빠졌다.

학교에서의 내 모습은 또 달랐다. 없는 살림에 학구열만 넘쳤던 엄마가 아주 무리를 해서 나를 서울 모처의 사립초등학교에 입학시켰다. 추첨을 통해 입학하는 곳이었는데, 추첨번호를 1번을 받았을 정도로 열성이었다. 우리 라인 1층에 사는 동갑내기 여자친구도 함께 당첨되어 그 학교를 열심히 다녔다. 우리들 아파트에서 학교까지가 꽤나 멀어서 우리는 스쿨버스를 타기 위해 아침 6시 즈음 일어나야 했다.

학교에 가면 잘 사는 친구들 틈에 치여서 나는 기를 펴지 못했다. 엄마들은 돌아가면서 급식당번을 하러 학교에 와야 했다. 내 짝꿍이었던 남자애 엄마가 당번이었던 날, 짝꿍이 맛없다고 골라놓은 반찬을 짝꿍 엄마가 다 먹어줬다. 충격이었다. '우리 엄마는 편식하면 혼내는데, 쟤는 좋겠다'고 생각하며 부럽기도 했고, 그 친구가 엄마의 사랑을 듬뿍 받는다고 생각했다. 그러나 시간이 조금씩 지나면서 상황을 타협하기 시작했다. 나는 바르게 자라고 있는 것이고, 그 짝꿍이 바보 같은 '마마보이'라고 규정지었다. 동시에 나는 그 아이에 비해서 강하다고 스스로에 대해 흡족해 했다.

그때는 지금처럼 아이들끼리 "너희 집 몇 평에 사니?" "아버지 뭐하시니?" "자가니, 전세니?" 하는 질문을 할 정도로 영악하지는 못했지만, 아무래도 분명히 잘사는 집 아이들과 나 사이에서 나는 어떤 위화감을 느꼈던 것 같다. 게다가 집이 멀기도 했던 나는 학교에서 이렇다 할 친구들도 많이 사귀지 못하고 1학년을 마쳤다.

장사를 하던 아빠가 사고를 겪고 엄마가 일을 나가야만 하는 상황에 처하면서 나는 전학을 했다. 그래도 정들었던 학교를 떠나는 것이 어린 나에게 유쾌한 경험일 수는 없었다. 엄마는 서럽게 우는 나를 끌어안고 이렇게 말했다. "네가 아침에 일어나는 것도 너무 힘들고 피곤할까봐, 집에서 더 가까운 학교로 옮기는 거야." 주된 이유는 더 이상 사립학교의 높은 학비를 내기도 어렵고 엄마가 신경써 줄 수 없기 때문이었겠지만, 나의 기를 죽이기 싫었던 엄마의 전략이었을 것이다.

결과론적이지만 전학은 신의 한 수였다. 나는 점차 동네 골목대장 같았던 기운을 되찾았다. 교복을 입지 않은 공립학교의 아이들은 다양한 표정과 모습으로 나를 대했고, 나는 점차 목소리를 키워 나갔다.

전학생 신분으로 여전히 친구들 사이에서 낯가리고 앉아 있었지만, 담임선생님은 나를 살뜰하게 챙겨주었다. 그러다가 선생님이 친구들 앞에서 내 칭찬을 해주는 사건이 하나 발생했는데, 그 사건은 내 인생을 바꾸는 또 하나의 단초가 되었다.

여자는 강하다.
그러나 여자는 여전히 공격의 대상이다

전학한 학교도 하필 집에서는 거리가 좀 있었다. 그 무렵 동네 인구가 갑자기 늘어나기 시작했다. 집에서 가까운 학교는 이미 오전 오후반을 하고 있었고, 새로운 학교를 또 하나 만들고 있었다. 그래도 새 학교보다는 역사와 전통이 있는 학교를 보내야겠다는 엄마의 의지로 인해 나는 또 30분이 넘게 걸리는 거리를 걸어 다녔다. 우리 동네에서 그 학교까지 다니는 친구는 없었기 때문에 혼자 걷는 날이 많았다. 차가 많이 다니는 사거리도 지나야 했고, 대로변이긴 하지만 아직 개발이 덜 된 구역을 지나쳐야 할 때도 있었다.

어느 날 하교길이었다. 터덜터덜 걷는 나에게 목발을 짚은 아저씨 한 명이 다가왔다. 병원에서 쓰는 것 같은 회색 목발을 양 겨드랑이에 끼고 불편하게 걷는 아저씨가 나를 불렀다.

"꼬마야, 아저씨가 오줌이 마려워서 그러는데 아저씨 오줌 싸는 것 좀 도와줄래?"

48

초등학교 2학년이면 아홉 살이다. 우리는 학교에서 어려운 사람을 도와줘야 한다고 배운다. 나는 약간 망설였지만, 오줌이 너무 급하다는 아저씨를 도와주기로 결심했다. 아저씨는 수풀이 길게 자란 길가의 구석으로 나를 데리고 들어갔다. 아저씨를 대체 어떻게 도와주어야 하는지 판단이 잘 서지 않았다. 우물쭈물 하고 있는 나에게 아저씨는 자기 바지를 벗겨달라고 했다. 다리는 아파보였지만 덩치는 커다란 아저씨의 바지를 벗긴다는 것이 꼬마인 나에게 쉬운 일은 아니었다. 그래서 또 어찌할 바를 모르고 서 있다가, 빨리 벗기라는 호통에 주춤주춤 아저씨 앞으로 다가갔다. 그때 내 키는 아저씨의 허리춤에나 올 만했을까. 이상한 기분은 들었지만 명분이 너무나 당당했다. 장애를 가진 아저씨의 용변을 도와주는 것. 그 아저씨가 어떤 표정으로 나를 내려다보고 있었을지는 모르는 일이다.

그런데 그 길이 완전한 외지는 아니었는지, 저쪽 편에서 어떤 아저씨가 나를 발견하고 다가오더니 당황한 목소리로 물었다.

"꼬마야, 너 거기서 뭐하니?"

직감이 왔다. 이게 아니구나.

나는 아저씨에게 큰소리로 대답했다.

"이 아저씨가 자기 오줌 누여 달래서 도와주고 있어요!"

그 아저씨는 크게 당황한 듯했다. 빠른 걸음으로 내 쪽으로 다가오더니 나에게 소리쳤다.

"이 아저씨는 아저씨가 도와줄 테니까 너는 얼른 집에 가라! 빨

49

리 가!"

그제서야 나는 정신이 들었다. 아, 이게 무서운 상황이구나. 도망쳐야 하는구나.

뒤도 돌아보지 않고 쏜살같이 뛰어서 큰길가로 빠져나왔다. 목발 아저씨는 그새 오줌을 다 누었는지 바로 나를 따라 나왔다. 목발을 짚었는데도 어찌나 빠른지 고래고래 소리를 지르며 나를 바짝 쫓아오기 시작했다.

"꼬마야! 그게 아니야! 꼬마야! 잠깐만 기다려 봐!"

그 절박한 외침에 더욱 겁이 난 나는 정말 전력질주로 집에 도착했다. 내 심장소리가 아저씨가 부르는 소리보다 더 크게 들렸다. 그나마 내가 빠른 발을 타고났으니 망정이었다. 그 아저씨는 나를 붙잡고 무엇을 하려 했을까. 도망쳐 나온 나에게 무슨 말을 하려고 따라왔을까. 나는 겨우 아홉 살이었는데. 아직도 머리가 핑 돈다.

집에 돌아와 엄마에게 미주알고주알 얘기했겠지. 그리고 그날부터 내 삶에 변화가 생겼다. 하루 용돈 이백 원을 받기 시작한 것이다. 왕복 마을버스비였다. 담임선생님은 어찌 알았는지 다음 날 친구들 앞에서 나의 이야기를 영웅담처럼 들려주며 나를 추켜세웠다. 내가 똘똘해서 그 상황에서 빨리 도망칠 수 있었던 것이라고, 다른 친구들도 이런 비슷한 일이 있으면 조심하라는 이야기를 덧붙였다.

그 후로도 마을버스 창문 너머로 아주 가끔, 길가를 떠도는 그

목발 아저씨를 발견할 수 있었다. 그럴 때마다 혹시라도 우리 집을 알고 따라올까봐 무서워서 의자 아래로 웅크려 숨곤 했다. 한참 시간이 흐르면서 아저씨는 더 이상 보이지 않았다. 문득 궁금하다. 그 아저씨는 어떻게 됐을까. 나 말고 다른 아이가 비슷한 일을 겪지는 않았을까 걱정도 된다.

가끔 살인이나 성폭행 위험에 처한 여성을 구해줬는데 피해자가 인사도 없이 도망가 버렸다든가, 심지어 의인이 가해자와 쌍방 폭행으로 억울하게 조사를 받았다는 뉴스를 본다. 대단히 안타깝다. 기껏 도와준 사람의 마음이 얼마나 허망할지 상상이 된다. 다만 그 피해여성의 입장에서 변명을 해보자면, 그녀는 그것밖에 할 수 있는 게 없었을 것이다. 생존을 위협받는 극심한 공포 상태에서는 도망치는 것 외에 다른 판단을 할 수가 없다는 뜻이다. 그 공포의 크기는 열 살 꼬마나 서른 살 성인이나 다를 게 없다. 은혜도 모르는 몰염치한 사람이 되고 싶은 건 아니었을 것이다. 이십년 전 나를 구해 준 아저씨께 감사 인사를 하지 못한 게 아직도 마음에 남는 나처럼 말이다.

나는 다행히 그 사건을 겪으면서 '두려움'보다는 '우쭐함'을 더 많이 획득한 것 같다. 아이들과의 관계에서 예년의 자신감을 되찾았고, 특히나 몇 년 후 윗집 오빠가 동네 불량배에게 맞아서 앞니가 부러지고 돈도 빼앗겼다는 소식을 듣고는 '나는 위기탈출에 성공한 대단한 아이'라는 자아도취에 빠졌던 것 같기도 하다.

그랬음에도 불구하고 이십여 년이 지난 아직까지 그날의 기억이 생생하게 떠오르는 것을 보면, 이런 종류의 경험은 누구에게도 유쾌하거나 긍정적으로 작용하기는 어려운 것이라는 결론이 내려진다. 나도 어쩌면 괜찮은 척, 센 척을 했던 것일 수도 있다. 더 강해져야겠다는 다짐을 하면서. 그래서 나는 매일 밤 연습했다. 내가 만약 불량배를 만나면 어떻게 대처할 것인가. 행동지침을 하나 둘 머릿속에 정리하고 침대 위를 뛰어다니며 어떻게 주먹질을 하고 급소를 공략할 것인지 구상하다가 잠들곤 했다. '만나기만 해봐라. 요절을 내 주겠다' 하고. 그때의 내 모습은 지금 생각하면 아무리 어렸다고 해도 우스꽝스럽기 짝이 없다. 허공에 대고 배우지도 않은 새도우 복싱을 하는 모습이라니. 두려움을 숨기기 위해 오히려 허세를 부리는 꼬마라는 표현이 딱 적당할 것 같다. 유비무환이라는 옛말이 맞는지, 정말 다행스럽게도 나는 그 이후로 소위 말하는 나쁜 사람이나 불량 청소년을 만나지 못했다. 오히려 내가 점점 불량 청소년에 가까워졌다.

나는 태생이 아주 활동적이었다. 마론 인형을 갖고 놀아본 기억이 없다. 후레쉬맨, 바이오맨 비디오를 보며 열광했고 모형칼, 모형총을 사달라고 졸라서 이리저리 휘저었다. 비오는 날이면 물길을 만들겠다며 온 놀이터의 흙을 이리로 저리로 옮겼다. 나이 차이가 꽤 났던 이종사촌 오빠들을 따라 드래곤볼, 슬램덩크 만화를 즐겨 읽었고 나의 상상 속 세계는 언제나 활기찼다.

그런 내가, 무슨 바람이 불었는지 엄마에게 미술학원을 다니고 싶다고 졸라댔다. 그리고는 가는 길에 태권도 학원을 우연히 발견하고 갑자기 태권도를 배워야겠다며 난리를 쳐서 태권도 학원에 등록했다. 그럼 그렇지. 그렇다고 딱히 태권도를 좋아했던 것도 아니다. 친구들은 다 노란띠, 초록띠인데 왜 나만 계속 흰띠인지 도저히 받아들일 수 없어 엄마에게 또 난리를 쳤다. 한 달 후에 승급 심사를 거쳐야 허리띠의 색깔이 바뀐다는 체계를 그때는 이해하지 못했다. 나는 그저 항상 누군가보다 우위에 있고 싶어 했다.

그 누구도 나에게 '틀렸다'고 하지 않았다. 엄마에게 혼나고 맞는 일이 많기는 했지만 그때에도 엄마는 나에게 '이상하다'고 하지는 않았다. 시험을 잘 본 덕에 학교에서는 선생님들이 예뻐했고, 친구들도 곧잘 만들었다. 아직도 학구열을 버리지 못한 엄마는 뺑뺑이로 중학교에 보내는 게 마뜩찮았고, 결국 동네에서 유일하게 시험을 통과해야만 입학할 수 있는 중학교에 나를 진학시키려 했다. 친한 친구들이 다들 그 학교에 간다고 하는 바람에 별 저항감도 없이 친구 따라 원서를 썼고, 합격은 그리 어렵지 않았다.

아니 무슨 유명인사 일대기도 아니고, 내 얘기를 줄줄 늘어놓나. 그런데 내 어린 시절 에피소드를 보면서 '무슨 여자애가 이렇게 드세?', '이거 완전 남자애네' 라고 생각한 사람도 꽤 많을 것이다. 그렇다. 나는 '여성스럽지 않은 여자애'였다. 근데 가만, 여성스러운 것은 무엇이고, 남성스러운 것은 또 무엇인가? 나에게 '성별'로 인한 '신체적' '물리적' '성격적' 차이는 중요한 게 아니었다. 나는 있는 그대로의 나로 성장하고 있었다. 그러나 한 살 두 살 먹어가면서부터, 나에게도 '여성'이라는 이름의 불편함이 다가오고 있었다.

내가 다닌 중학교는 동네에서는 나름 명문이었다. 명문이라는 말이 우습지만, 시험을 통해 학생들을 걸러 받는다는 것만으로도 주변 지역 학부모에게는 인기를 끌었다. 그때도 지금처럼, 공부를 조금 잘하는 아이는 마음도 착할 것이라는 편견에 사로잡혀 있는 부모가 많았던 모양이다.

산꼭대기에 자리한 학교에는 멀리 타 지역에서 오는 학생들을 위한 기숙사도 있었다. 그 시절 그 동네 다른 학교들에 비하면 선진적인 시스템이었다. 학생들 사이의 규율은 매우 엄격했다. 학년마다 다른 색의 명찰을 배급받았다. 우리 학년은 초록 명찰이었는데, 멀리에서 하얀색 2학년 선배들이나 파란색 3학년 선배들이 오면 누군지 알지 못해도 무조건 큰 소리로 인사를 해야 했다. 우리가 2학년이 되면 신입생들은 파란 명찰을 받았고 그렇게 돌고 돌며 후배들은 선배들에게 깍듯하게 예의를 갖춰야 했다.

학생회의 선도부도 선생님에 맞먹는 영향력을 가졌다. 공부 좀한다는 선배들은 다들 학생회에서 활동했고 아침 자습시간에는 선생님 대신 선배들이 우리 교실에 들어와 우리를 감시했다. 그 시절에는 아마 그것이 좀 멋스러워보였던 것 같다. 공부 잘하는 모범생이면서도 카리스마와 리더십을 보여주는 선배들은 쉽게 우리의 우상이 되었다.

학생회 활동은 권력지향적인 나에게는 아주 알맞은 일이었다. 자연스럽게 '이것이야말로 내가 할 일'이라고 생각했다. 학생회 직속인 3학년 선배들을 제외하고는 1, 2, 3학년 각 반의 반장, 부반장이 학생회의 일원이 되었고 나는 2학년 때 반장을 맡아 간부수련회에 따라다닐 수 있었다. 그렇다고 대단히 특별한 활동을 했던 것도 아니다. 내가 학생회로서 가장 많이 한 일은 1학년 후배들을 혼내는 것이었다. 사실 이렇다 할 이유도 없이 혼내고 군기를 잡았다. 우리가 선배들한테 혼날 때에는 분명 불합리하다고 생각했던 것 같은데, 우리도 똑같이 하고 있었다. 잘못됐음을 알면서도 끊어내지 못했다. 오히려 후배들에게 '너희는 우리 때보다 덜 혼내는 것'이라고 말하면서 '깨어 있는 인간'인 척할 뿐인 꼰대가 되어 갔다. 겨우 열네다섯 살의 아이들이 말이다.

하지만 나는 선생님들에게는 순종적이지 않았다. 인생을 망칠 정도의 반항은 아니었지만 소소하게 개기면서 매일매일 벌을 받았다. 주먹 쥐고 엎드려뻗쳐, 오리걸음 100바퀴, 심지어 다른 반 수업시간에 끌려가서 엎드려뻗쳐, 교무실에 무릎 꿇고 손들고 있기, 반성문 수백 장 쓰기…. 공부도 곧잘 했고, 반장도 하는 아이치고는 모범적인 케이스는 아니었다. 그때도 아마 친구들 앞에서 세 보이고 싶은 그놈의 허세 때문에 부린 객기가 아니었을까 싶다.

그래도 그리 심하게 문제를 일으키지는 않아서인지, 2학년이 끝날 무렵 학년주임 선생님이 나를 불렀다.

"너 전교 학생 부회장 선거 나가볼래?"

나는 되물었다.

"부회장이요?"

왜 나에게 부회장을 하겠냐고 물을까. 나는 우리 반에서도 내가 반장이고 남학생이 부반장인데. 우리는 선거를 통해서 그렇게 뽑았는데.

"회장이면 회장이지, 왜 부회장 선거에 나가라고 하세요?"

선생님이 난처해하며 대답했다.

"우리 학교는 여학생이 회장 선거에 나갈 수 없어. 회장은 남학생이 하고 여학생은 부회장을 하는 거야."

싫었다. 그래서 그런 게 어디 있냐고 따져 물었다. 선생님은 교칙이 그렇다고 할 뿐이었다. 당시 학교에 젊은 여자 선생님들이 많았다. 나는 친한 선생님들 몇 명에게 제도의 불합리함에 대해 항의했다. 대단한 사명감이나 논리를 가진 것은 아니었다. 여자는 무조건 안 된다고 하는 게 기분 나빴다. 그리고 엄밀히 말하면, 따지는 쪽에서 논리로 무장해야 하는 문제도 아니다. 아주 '당연하게 이상한' 말이었다. 도대체 왜 여학생은 부회장만 될 수 있는지, 제약하

56

는 쪽이 오히려 특별한 논리를 갖추어야 할 판이었다.

그러고 보니 내가 1학년 때 한 학년 위에 나만큼이나 세 보이는 여자 선배가 있었는데, 그 선배도 부회장에만 출마를 했다. 다소 의아했지만 그때는 이유를 알지 못했다. 왜 여자 선배에 비해 카리스마도 약한 것 같고 더 유약해 보이는 남자 선배가 회장 선거에 출마했는지.

집에 가서도 씩씩대며 항의를 했다. 내 기분 나쁨을 온 천하에 알리고 다녔다. 그 선생님이 나더러 부회장에 나가라더라, 여자는 부회장만 된다더라, 우리 학교 이상하다, 이런 게 어디 있느냐….

며칠 뒤 선생님이 다시 나를 불렀다.

"꼭 회장에 나가야겠냐?"

사실 딱히 회장이 되게 하고 싶었던 것도 아닌데, 시대와 상황이 사람을 만드나보다. 나는 강력하게 회장에 나가겠다고 피력했고, 선생님은 그럼 어디 한 번 해보라고 허락을 해주었다. 나중에 들은 얘기로는 젊은 여자 선생님들이 내 이야기를 듣고 잘못된 교칙을 바꾸자 했단다. 그렇게 내가 그 학교 55년 역사 최초의 여자 회장 후보가 됐다.

단독 후보는 아니었다. 다른 남학생 한 명이 후보로 등록했다. 나는 승부사 기질이 강했다. 일단 여론조사를 실시했다. 학생들의 불만을 들어본 것이다. 그 중에서 가장 임팩트가 강하고 필요하다고 생각한 몇 개를 정해서 대표 공약으로 내걸기로 했다. 두발자유화를 희망하는 학생들이 많기는 했지만, 이미 우리 선배들이 많이 써 먹었고 어느 정도 규제가 풀리고 있던 와중이라 식상한 감이 있었다. 사람들의 구미를 확 당길 만한 공약이 필요했다.

고민 끝에 선정한 제1공약은 화장실 휴지 비치였다. 당시 휴지는 교사 화장실에만 설치되어 있었고, 학생들은 자기 화장지를 직접 가지고 다니면서 용변을 봐야 했다. 나는 학생들의 복지 향상을 위해 이 정도는 반드시 유치해야겠다는 포부를 다졌다.

선거 날 후보자 연설은 표심을 움직일 수 있는 가장 중요한 행사였다. 어릴 때 웅변학원에서 갈고 닦았던 '이 연사! 소리 높여! 외칩니다!' 스킬과 큰 손동작들을 다시 한 번 가다듬었다. TV에서 본 어른들의 말투도 흉내내보며 선거를 철저하게 준비했다. 선거운동 기간에는 소위 '일진'이라고 불리는 무서운 친구들까지 동원해 선배들 교실을 돌면서 한 표를 호소했다. 힘세고 덩치 좋은 친구들도 신이 나서 나를 기꺼이 도와줬다.

'최초 여자 회장 후보'라는 타이틀은 무엇보다도 큰 강점이었다. 누구도 나에게 '여자애가 무슨'이라는 말을 할 수 없었고, 상대 후보로 나온 친구도 그 점을 공격할 수 없었다. 나는 처음부터 우세했고, 어렵지 않게 당선됐다. 하지만 당선이 확정되자마자 교장실로 불려갔다. 교장선생님은 나를 흐뭇하게 바라보며 말했다.

"화장실 휴지 설치는 안 된다."

그러니까 여자는 더 잘해야 한다

나를 설득하는 나름의 타당한 이유는 있었던 걸로 기억한다. 하지만 한 번도 어른들과 이런 기싸움을 해본 적이 없었다. 학생회가 학교의 불합리한 정책들로부터 학생들의 권리와 복지를 쟁취하기 위해 활동하는 학생들의 자치기구라는 기본개념조차 아직 제대로 정립하지 못했던 나는, 어안이 벙벙했다. 나에게는 협상력이 없었고, 주눅 들어 교장실을 나왔다.

친구들이 나를 믿고 뽑아줬는데, 공약을 지키지 못하게 됐다는 사실에 또 한 번 자존심이 상한 나는, 학교에서 해주지 못하면 내 사비(정확히 말하면 부모님의 돈)를 털어서라도 해결해야겠다고 결심했다. 이렇게 쉽게 나의 무능함을 인정할 수 없었다. 결국 나의 주요 공약 중 하나인 '화장실 휴지 비치'는 우리 집에서 우리 집 돈으로 해결했다. 그마저도 얼마 가지 않아 학교 측에서 못 쓰게 만들었다. 학생들이 너무 지저분하게 휴지를 쓰고, 휴지를 물에 적셔서는 거울에 집어던져 붙이는 장난을 치며 물자를 낭비한다는 이유였다. 실제로 아이들의 행동은 제어가 되지 않았고, 나는 더 싸울 명분이 없었다. 그래도 나에게 중요한 건 내가 그 공약을 지켰다는 인정을 받는 것이었다.

내 자존심 때문에? 단지 그 이유만이라고 생각하기엔 스케일이 컸다. 이 전에도 많은 선배들이 자신의 공약을 지키지 못했는데, 그것은 그리 수치스럽지 않았던 것 같다. 나는 스스로 품은 마음가짐이 달랐다. 이 학교의 '최초 여학생 회장'이기 때문이다. 나에 대한 평가는 장래의 모든 여학생들에 대한 평가로 이어질 것이라는 것을 직감했다.

전교생 앞에서 행사 진행 사회를 보는 일에서도 회장-부회장이 '여여 콤비'라는 것이 나쁘게 보여지지 않도록 나는 더욱 거침없이 발언했다. 나는 남학생만큼 강해야 했고 남학생보다 더 똑똑해야 했고 목소리도 커야 했다. 공부는 물론이고 운동도 잘 해야 했다. 카리스마와 유머감각도 갖춰야 했다. 운동장에서 하는 전체 조회에서 '교장선생님께 대한 경례'를 외칠 때마다 쩌렁쩌렁 울리는 목소리는 내가 '여학생임에도 불구하고' 잘 한다는 인상을 심어줄 수 있었다. 축제 같은 학생회 행사에서도 새로운 아이디어로 예년보다 재미있었다는 평가를 받아야만 했다.

그나마 나는 주변의 도움으로 운 좋게 '여성에 대한 편견에 따른 한계'를 뛰어 넘었고, 그 경험이 이후 인생에 긍정적으로 작용해왔다고 할 수 있을 것이다. 하지만 나와 같은 상황에서 얼마나 많은 여학생들이 좌절을 경험하고 그 자리에 주저앉았을 지를 생각해본다. 나는 무조건 잘해야만 했다.

얼마 전까지 우리나라에도 여성 대통령이 있었다. 처음이었다. 대한민국 첫 여성 대통령. 아버지가 박정희라는 태생적, 정치적 특수성이 강한 인물이었지만 어쨌거나 생물학적으로 여성임에는 틀림이 없다. 실제로 내 주변에도 그녀가 '여성'이라는 이유로 한 표를 행사했다는 사람들이 꽤 있었다. 그리고 그녀는 대한민국 헌정 사상 최초로 탄핵을 당한 대통령이 되었다. 그 중에서도 특히 얼굴에 줄기세포 주사를 맞았다거나 올림머리를 하느라 세월호 사건 대처에 늑장을 부렸다는 이야기들은 충격적이었다. 그러한 그녀의 '여성적 특성'은 '여성은 국가 수장으로서 업무를 수행하기에 적합하지 않다'는 식의 프레임을 만들기에 딱 좋은 빌미가 되었다. 결국 사람들은 말한다. '앞으로 수십 년 간 여자 대통령은 없을 것'이라고.

그동안 무수히 많은 남자 대통령들이 이런 저런 잘못으로 비난을 받고 사형판결까지도 받아왔지만 그 누구도 그들의 성별을 걸고 넘어지지는 않았다. 심지어 총칼로 무고한 시민을 죽이고 어마어마한 돈을 횡령해도 그것이 남성적 리더십의 폐해라든지, 남자의 문제라는 이야기는 하지 않았다. 그러나 여자는 다르다. 박근혜는 여자고 박근혜의 잘못은 그녀만의 잘못이 아니라 모든 여자의 문제로 이어진다. 그래서 나는 더 화가 났다. 잘해야 본전인 싸움에서, 왜 하필 그녀가 '최초'가 되어 다른 여성들의 앞길을 막나.

성별의 편견 없이 개인의 역량을 평가해야 하는 것은 당연하다. 내가 우리 학교 최초의 여자 학생회장이었던 것도, 박근혜가 우리나라 최초 여자 대통령이었던 것도, 잘하든지 잘못을 하든지 간에 그냥 그 개인으로 평가받았어야 한다. 그것을 '그것 봐, 여자는 안돼' 라며 모든 여성의 문제로 싸잡는다면 오히려 그 사람이 비논리적이라는 것은 누구나 알고 있다.

그렇지만 세상은 그리 이상적으로 굴러가지 않는다. 습관처럼 여자가 해야 할 일, 남자가 해야 할 일을 구분하며 서로에게 짐을 지운다. 당장 우리 아버지도 평생을 그렇게 사셨다. 매일 가부장제에 저항하며 사는 강성 딸을 낳아놓고서도, 여전히 본인은 가장으로서의 권위를 누리고 싶어 하신다.

몇 달만에 집에 온 딸이 과일이 먹고 싶어 멜론을 깎아 달라고 부탁해도 "과일은 여자가 깎아야 한다"고 우기며 절대 안 깎아준다. 이때, 아버지와 논쟁을 하면 과연 내가 질까? 깊이 있는 토론거리도 아니다. "왜? 왜 그게 여자가 할 일인데?"라는 질문 하나만 해도, 누가 봐도 내 말이 더 맞는 소리라고 할 테지만 아버지는 물러서지 않는다. "그게 순리야. 순리대로 살아!"라고 소리 지르다가 결국 "너는 그렇게 살든지 말든지 나는 이제까지 이렇게 살아 왔으니 이렇게 밖에 못 살아!" 하고 안방으로 들어갈 것이다. 그래서 나는 화가 나서 씩씩대며 다시는 아버지와 대화하지 않겠다고 다짐하겠지만, 그 아버지가 오늘부터 당장 사랑하는 내 아버지가 아닐 수는 없다. 좋든 싫든 존재하는 현실이다. 세대가 바뀌면서 많이 달라지고 있다고는 해도, 단시간에 사람들의 가치관과 관점이 싹 바뀌지는 못할 것이다.

그래서 약자는 언제나 몇 갑절의 노력을 더 해서 자신의 능력을 보여주고, 강자의 반열에 올라야 한다. 억울하지만 그래야 살아남을 수 있다. 식민지에서 벗어나기 위해서는 죽음을 불사하고서라도 저항해야 하고, 개발도상국이 경제대국으로 올라서기 위해서는 뼈를 깎는 고통으로 노동하고 절약하고 기술 개발을 해야 한다.

한 회사의 임원이 되고 싶은 여성은 결혼을 하지 않거나 가정을 포기해야 하는 경우가 많고, 객관적 성과에 더해지는 '플러스알파'를 갖춰야 한다. 무엇 하나 빠짐없이 다 잘하면 독하다 소리를 듣기도 한다. 물론 똑같은 상황에 놓인 남자 임원에게는 어떻게 일과 가정을 둘 다 놓치지 않고 잘할 수 있었느냐고 묻지 않는다. 그런데 더 억울한 건 열심히 노력해서 똑같은 결과를 내면 강자는 자신과 비슷한 또 다른 강자를 선택한다는 것이다. 어지간해서는 기회가 주어지지 않는다. 약자가 기회를 얻기 위해서는 더 많이 노력해서 월등한 성과를 창출해야 한다. 심지어 선배 강자에게 선택받기 위해 잘 보이기까지 해야 한다. 그것이 세상이 돌아가는 개떡 같고 더러운 이치다.

약자는 그 과정에서 생겨난 극심한 내적 상처와 피해를 감수해야 한다. 유신시대의 그나마 '공(功)'으로 쳐주자는 국가주도형 경제개발 역시 마찬가지다. 몇 개 대표 기업들의 국제 경쟁력을 키워준답시고 모든 금융기관들이 기업에만 유리하도록 금리 정책을 집중하면서, 대다수의 국민들은 은행에서 돈도 못 빌리고 사채를 끌어써야 했다.

정치적으로도 '자유민주주의'라는 허울만 있었을 뿐 민중들은 아직 그것이 무엇인지, 얼마나 좋은 것인지 알 수 있을 만큼 충분한 시간과 여유를 보장받지 못한 상태였다. 일반 대중들보다 정보가 많고 눈치가 빨랐던 몇몇 권력욕에 빠진 정치인들은 시민들을 여전히 '백성'시절 취급하며 희생을 강요했다.

그러다 제대로 된 민주공화국을 원하는 국민들이 점점 많아지자 군대와 경찰이라는 공권력으로 깔아뭉개며 끔찍한 고문과 살육을 저질렀다. 모든 것에는 '국가와 민족의 번영을 위하여'라는 명분이 있었다. 식민지배와 전쟁의 경험으로, 더 이상 약한 국가의 국민으로 살고 싶지 않았던 국민들은 서로의 가슴에 쌓인 한(恨)을 위로하며 한민족을 위해 이 악물고 견뎠다.

물론 인간에게는 이타적 본성이 있다. 보편적 인류애라고도 한다. 그것이 우리가 약자를 보듬고 배려하며 공생해 온 또 하나의 방법이다. 그러나 약자가 강자의 이타적 본성에 기대는 것은 근본적으로 두 가지 문제가 있다.

첫째, 주체적이지 못하다. 타인의 측은지심이 발동되기만을 기다려야만 한다. 발 동동 구르며 나한테 '선심 쓰기'를 바라고 있어야 한다. 내가 컨트롤 할 수 없다는 뜻이다.

이것이 두 번째 문제를 야기한다. 그러한 배려와 이해는 내가 여유로울 때 가능하다는 것이다. 먹고 살기 바쁘고 어려운 사람에게 해외 아동을 후원하거나 주말마다 봉사활동 나가는 것을 기대하기는 힘들다. 바꿔 말하자면, 강자가 스스로 여유롭다고 느끼지 못하는 상황에서 약자는 배려의 대상이 아니라 오히려 약탈해야 할 상대로 전락한다는 것이다.

물리적 약탈만이 아니다. 정신적으로도 약자는 강자의 위안이 되어야 한다. '나보다 못한 존재'를 규정함으로써 내가 승자라는 심리적 안정감을 갖게 된다. 어차피 나보다 강자라면 내가 어찌할 수 없으니, 나보다 약한 사람만이라도 확실하게 누르고 내가 우위에 있음을 확인하고 싶은 것이다. 성 밖 울타리에서 사다리의 선택을 기다리는 사람들처럼 말이다. 아마 대부분의 가부장적 집안에서 아버지가 가장으로서 '서열 1위'임을 확인받고 싶어 하는 심리상태와 비슷할 것이다. 그러니 강자에게 약하고 약자에게 강한 사람이 많은 것이 그리 이상한 일도 아니다. 그렇게 자신보다 약하다고 생각되는 여성을, 노인을, 특정 지역을 '혐오'하며, 약한 강자들이 근근이 살아가고 있다.

남자만 군대에 가는 것은 역차별인가?

조선시대의 '군역'에서도 징집의 대상은 남성이었다. 나라를 지키거나 힘을 쓰는 일은 남자의 역할이고 그 사이에 가정을 지키는 것은 여자의 역할이라고 생각했기 때문이다. 우리나라뿐만 아니라 세계 역사책 어디를 보아도 단체로 여성을 징집한 사례를 찾기는 힘들다. 당연하게 여겨졌던 그 문제에 대해 의구심을 품은 사람은 거의 없었을 것이다. 그것이 일제 강점기를 거쳐 국민 개병제 도입, 지금의 대한민국 징병제까지 이어졌고, 여성이 왜 징집의 대상이 아닌지 대대적으로 문제제기 된 것은 아주 최근의 일이다.

대한민국에서 '공자(孔子)'가 무너지고 드디어 여성이 사회에 본격적으로 진출하면서 '성 평등'이라는 주제가 주목받기 시작했다. 특히나 군대에서 할 일이 최전방 '몸빵'에 그치지 않고 지원병과나 기술병과의 역할이 다양해지면서 여성도 어렵지 않게 군복무가 가능해졌고, 장교와 부사관을 지원제로 선발하기 시작하면서 이 문제가 조금씩 수면 위로 떠올랐다.

가장 두드러졌던 사건은 1999년 군가산점 폐지 이후, 2006년 20대 남성이 제출한 '여성을 징병에서 제외하는 것은 헌법에 위배된다'는 헌법소원이다. 당시 표현을 그대로 빌리자면, 청구인은 '병역법'이 여성에 대한 일괄적 병역면제 외에도 국방력 유지 등의 입법목적을 달성할 다양한 수단이 존재하기 때문에 과잉금지원칙에 위배하여 청구인의 평등권을 침해한다고 주장했다. 또한 군대에서 복무하는 동안 다른 직업을 가질 수 없도록 하고 지정된 군사시설에 거주를 강요하며 학업을 중단하도록 하여, 청구인의 직업의 자유, 거주 이전의 자유, 학문의 자유, 행복 추구권 등도 침해한다고 주장하며 헌법소원심판을 청구했다.

이때, 특히 평등권과 관련해서는 당시 국방부 장관이 먼저 선을 그었다. '남녀평등은 획일적으로 동일 업무를 남녀가 동등하게 수행하는 것을 의미하는 것이 아니라, 사회적으로 인식되어 있는 남자와 여자의 일반적 차이를 인정하고, 그 차이에 합당한 기회를 제공해 줌으로써 달성될 수 있는 것'이라고 전제하고, '국방의 의무를 부담하는 국민들 중에서 구체적으로 어떤 사람을 징집하여 군복무를 시킬 것인가 하는 병역의 의무는 입법자가 국가의 안보상황, 재정능력 등 여러 가지 사정을 고려하여 필요한 범위 내에서 결정할 사항'이라고 그 헌법소원이 기각되어야 한다는 의견을 밝힌 것이다.

오랜 시간 논의를 거쳐, 결국 헌법재판소는 재판관 9명 중 6명이

기각(합헌), 2명이 위헌, 1명이 각하의견을 제시하여 합헌으로 해당 헌법소원을 기각하였다. 한 마디로 남성만 군대에 가는 현 제도가 헌법적으로도 문제가 없다는 것이 당시 헌법재판소의 판결이었다. 기각 의견은 크게 네 가지 논거로 구분할 수 있다.

첫째, 신체적 특징의 차이이다. 그러니까 남자가 여자에 비해 전투에 더욱 적합한 신체적 능력을 갖추고 있단다. 맞는 말 같은가?

일반적으로 '집단'으로서의 남자는 여자와 다른 신체적 능력을 보유하고 있는데, 무기를 소지하고 작동시키며 전장의 이동 등에 요청되는 근력 및 순발력 면에서 남자가 전투에 더욱 적합한 신체적 능력을 가지고 있다는 의견이다. 나처럼 발끈할 사람들을 의식해서인지, 단서를 달기는 했다. 집단으로서의 남자와 여자가 아닌 개개인을 대상으로 판단하는 경우에는 예외적인 사례가 있음이 명백하다고. 그러나 구체적으로 개개인의 신체적 능력을 수치화, 객관화하여 검사체계를 갖추는 것은 현실적으로 매우 어렵고, 신체적 능력이 매우 뛰어난 여자라 하더라도 월경, 임신, 출산 및 수유문제, 양육문제 등의 생래적 특성상 영내생활이나 군사훈련에 장애가 있을 수밖에 없다는 점 또한 무시할 수 없다고 판단했다. 나아가 전시에 포로가 되는 경우 등에 있어, 남자에 비하여 성적 학대를 비롯한 위험에 노출될 가능성이 더 크다는 점에서 군사작전 등 실전투입에 부담이 크단다.

둘째, 여성이 현역으로 복무가 힘들다면 보충역이나 제2국민역으로 복무하는 것은 가능하지 않느냐는 부분에 대해서도 기각 사유를 제시했다. 보충역이나 제2국민역 역시 국가안보를 위한 병력자원으로서 역할을 하는 것임을 간과했다는 것이다. 평시와는 다르게 혹시라도 발생할 수 있는 국가 비상사태에 대비하여 예비적 전력을 확보하고 유지할 필요성에 따라 병역법이 예비적 전력으로서 보충역과 제2국민역을 둔 것이므로, 보충역이나 제2국민역이 평시에 징집된 자원들처럼 군인으로서 복무하지 않는다고는 해도 병력자원으로서의 일정한 신체적 능력 또는 조건이 요구되지 않는다고 볼 수 없으므로 청구인의 주장은 이유 없는 것이라고 말했다.

셋째, 다른 나라와 비교해보면 어떠한지 고찰했다. 징병제가 존재하는 70여 개의 나라 가운데 여성에게 병역의무를 부과하는 국가는 이스라엘 등 극히 일부 국가에 한정되어 있으며, 여성에게 병역의무를 부과하는 대표적인 국가인 이스라엘의 경우도 남녀의 복무기간 및 병역 거부 사유를 다르게 규정하는 한편, 여성의 전투단위 근무는 이례적이다. 따라서 비교법적으로 보아도 이 사건 법률조항과 같은 입법이 현저히 자의적이라 보기 어렵다는 결론을 내렸다. 말하자면 남성 징병이 우리나라 병역법에만 있는 특이한 게 아니라는 것이다.

마지막으로 비용 및 현실적 어려움이다. 남녀의 동등한 군복무를 전제로 한 시설과 관리체제를 갖추는 것은 역사적으로나 비교법적으로 전례가 없어 추산하기 어려운 경제적 비용이 소요될 수 있고, 군대 내부에서 상명하복의 권력관계를 이용한 성희롱 등의 범죄나 남녀 간의 성적 긴장관계에서 발생하는 기강 해이가 발생할 우려가 없다고 단언하기 어렵다고 했다.

하나하나 반박은 나중에 한다 치더라도, '전시에 포로가 되는 경우 등에 있어, 남자에 비하여 성적 학대를 비롯한 위험에 노출될 가능성이 더 크다는 점에서 군사작전 등 실전투입에 부담이 크다'는 얘기. 이건 좀 짚고 넘어가자. 아니, 전쟁나면 군인만 잡혀가나? 전쟁을 군인만 하냐고? 그래서 그 전쟁 동안 민간인 여성들이 학살당하고 끌려가서 성노리개가 되었나? 이 접근 방식은 아마도 우리가 전쟁을 하러 군대를 이끌고 다른 나라 영토에 먼저 쳐들어갔을 경우를 말하는 게 아닌가 싶은데, 그런 일은 역사상 단 한번도 없었고 앞으로도 없을 것 같으니 썩 적절한 사유로 여기기는 어렵다.

그리고 가만 보면 병역법을 너무 액면 그대로의 '전쟁에 대비한, 전투에 임하는 조직으로서의 군대'의 측면에서만 해석한 것 같은 느낌을 지울 수 없다. 순수하다고 해야 하나. 사실 지금의 병역법은 만에 하나 일어날지 모르는 전쟁과의 연결고리보다는, 매년 징병되어 군대에 가야 하는 젊은 남성 개개인들의 인생과 결부된 점으로서의 존재가치가 훨씬 크고, 그 부분이 헌법소원의 핵심적 쟁점이 아니었나 싶은데 말이다.

어쨌거나 병역법 헌법 소원으로 인해 2010년까지 '여성 징병제'

는 뜨거운 감자였다. 결론은 '합헌'이었고, 군가산점 폐지로 시작된 남성들의 분노가 본격적으로 흘러넘치게 된 계기가 되었다. 그 분노는 지금까지 도처에 깔려 있다. 훗날 행여 통일이 되거나 징병제가 폐지되고 모병제로 바뀌더라도, 여성이 그동안 징병되지 않았다는 사실을 이유로 하여 남성들에게 여성은 '의무를 다하지 않은 반쪽짜리 시민' 취급을 받을 가능성이 농후하다.

분명히 여성은 군대를 '못'가고 있는 것인데도 불구하고 비난의 화살은 여성에게 쏟아지고 있다. 군대 관련 기사만 나오면 인터넷 댓글 창 보기가 겁난다. 어찌나 여자들 군대 가라고들 하는지, 곱고 예쁘게 논리적으로나 써놓으면 그나마 양반이다. 아니, 오히려 충분히 이해할 수 있다. 내가 이렇게 군대에 가자고 하는 것과 비슷한 맥락이라면 말이다.

그런데 그들이 화를 내는 모양새가 영 이성적이지가 않다. 김치며, 꼴페미며 온갖 욕설이 난무한다. 도대체 남성들이 이토록 분개하고 흥분하며 여성들에게 불만을 쏟아내는 이유가 뭘까? 나는 그들 중에 몇 명은 우리 사무실에서 나와 함께 차 마시며 일상적인 대화를 나누는 사람일 수도 있겠다는 합리적 추정을 한다. 별 달리 특별한 존재가 아닐 것이라는 이야기다. 그럭저럭 열심히 살아가는 보통의 남성들. 그런 남성들 중에서도 여성이 남성의 영역이라고 믿어 왔던 사회에 진출하면서, 또 사회적으로 양성평등 정책이 하나씩 추진되면서, 여성만 이유 없이 혜택을 받는다는 생각이 들기 시작한 힘없는 남성들, 그들이 여성을 더욱 공격적으로 대하게 된 것이 아닌가 하는 추측을 해본다. 딱히 가진 것은 없고 그나마 제 영역을 빼앗기는 것 같아 억울하기만 한 남성들의 불만이 고조되면서, 징병제는 역차별 논란으로 이어지고 있다.

옛날 옛적에도 군대는 남성들만을 징병했지만, 그때의 남성들은 이만큼 화를 내지 않았다. 왜냐하면 그들은 여성을 '남성이 지켜 줘야 하는 (부족한) 존재'라고 당연하게 여겼기 때문이다. 나로서는 이것도 별로다. '지켜준다'는 것은 어른이 아이를 배려하는 것처럼 상대가 아직 미성숙하거나 부족하거나 열등한 존재라는 전제가 있기에 성립 가능한 개념이기 때문이다.

하지만 '여성 징병제'는 정치적으로 크게 이슈가 되지는 않는다. 온라인에서도 대중들 사이에서 많이 다뤄지는 논쟁이고 종종 학계나 언론에서도 언급이 되는 이 '여성 징병제' 이슈를 정치계나 공공기관에서는 딱히 공론화시키지 않고 있다. 왜일까?

대한민국 19대 대통령은 스스로 '페미니스트 대통령'이 되겠다고 공언했다. 정부 내각을 남녀 동수로 구성하겠다는 등 여러 가지 양성평등 공약도 내세웠다. 대통령이 된 후 장관 인선에서도 여타 정권들에 비해 가장 적극적으로 여성 안배를 하는 모습을 보이고 있다. 문재인 대통령뿐만 아니다. 대선 당시 다른 후보들도 여성의 사회적 지위 향상을 위한 정책을 많이 선보였다. 일부 정치인들은 모병제를 전략 카드로 꺼내기도 하고, 극우 보수라고 일컬어졌던 한 후보는 TV토론에서 '군대 내 동성애'를 공격의 도구이자 선거전략으로 활용했다. 군대는 여전히 대한민국 선거의 중요한 화두였다. 하지만 여군, 여성 징병에 대해서는 별 다른 언급이 없었다. 왜일까? 정치권은 왜 '여성-군대'를 외면할까. 아마 이런 말을 꺼내는 것조차 어려울 것이다. 그 이유는 추측컨대 몇 가지로 압축할 수 있다.

첫째, 여성 유권자 및 가족들의 '표'를 잃을 것이라 판단되기 때문이다.

둘째, 여성은 아직 사회적 약자이기 때문에 여성의 권리를 신장시키는 더 많은 정책들이 선행되지 않은 채 군대에 가라는 의무를 먼저 부과하는 것은 약자에게 부담을 가중하며, 더욱 공정하지 않은 결과를 낳는다고 생각하기 때문이다.

셋째, 징병은 국가의 안전을 위한다는 명분으로 개인의 자유를 침해하기 때문에 남성 징병 역시 점차 모병으로 바꾸어야 함이 마땅한데, 거꾸로 여성들까지 징병하자는 것은 시대의 흐름에 맞지 않기 때문이다.

넷째, 현재 군대의 인프라와 각종 시스템을 여성 병사에 맞춰 바꾸기에는 현실적으로 비용이 많이 들기 때문이다.

다섯째, 장교나 부사관처럼 선택이 아닌 절대 다수의 여성을 군대에 징집하는 것은 여성 본연의 생리적, 신체적 특성에 맞지 않기 때문이다.

앞서 살펴 본 헌법재판소의 기각 사유와도 연결되어 있으니, 하나하나 짚어보자.

먼저, 여성 유권자의 반발을 살 것이라는 점은 충분히 유추 가능한 일이다. 누구라도 자신에게 불리한 일이, 그것도 법으로 의무화된다는 것을 받아들이고 싶지 않을 것이다. 선호는 논리 그 이전의 문제다. '왜'를 따지기 전에 무조건 싫어할 가능성이 무척이나 높다. 여성뿐만 아니라 딸을 가진 부모부터 사랑하는 가족이나 연인을 둔 남자들까지 꽤나 많은 국민들이 저항할 것이다. 그러다보니 여성 징병제는커녕 남성들의 복무기간 단축이나 병사 월급 인상 등 대중이 받아들이기에는 개인의 자유나 복리후생 관련 정책이 훨씬 좋을 것이고, 자연스럽게 그런 방향으로 나아가는 것이 자유민주주의 국가로서의 길이라 여겨진다.

사실 첫 번째 이유가 곧 나머지 이유들의 결과가 된다. 그리고 이 이유들은 대체적으로 타당하며 일면 합리적이기도 하다.

국민의 의무와 권리 사이에서

여성이 사회적 약자이므로 징병이라는 의무는 현재의 위치에서 더 큰 차별을 야기할 것이라는 주장을 살펴보자. 여성 징병제에 반대하는 사람들이 가장 중요하게 생각하는 논거가 아닐까 예상해본다.

먼저 여성이 사회적 약자가 맞는지부터 동의해야 다음 단계로 넘어갈 수 있을 것 같다. 물론 나는 아직 여성이 약자의 위치에 있다고 생각한다.

아무리 여성이 제약 없이 교육받고 노동하며 자아실현을 하는 시대가 왔다고 해도 역사적, 사회적으로 여전히 여성은 약자이다. 지금을 살아가는 힘없는 남성들에게는 이 말이 탐탁지 않게 들릴 수는 있겠지만 수천 년간 남성과 여성은 힘의 불균형을 이유로 존재조차도 다르게 취급받고 살아왔다.

오래되지 않은 과거, 아니 지금도 여전히 여자아이는 '있으면 좋지만' 남자아이는 '반드시 있어야만 한다'고 생각하는 부모님이 존재하는 세상에서, 오로지 아들을 목표로 아들이 나올 때까지 여러 명의 딸을 낳는 가정에서, 여성이 태어나면서부터 약자로서 겪는 고통을 남성들은 알 수가 없다.

2016년 여성 혐오 범죄로 큰 이슈가 되었던 강남역 10번 출구 살인사건에 대한 남성들의 반응을 보아도 그렇다. 많은 남성들이 그 사건이 여성 혐오 범죄가 아니라, 정신병자에 의한 단순 묻지마 살인이라고 한다. 그 범죄자가 '여성'을 타겟으로 정해놓고 범죄를 저질렀다는 말에 모든 여자들이 '그게 나일 수도 있다'는 공포감에 떨어도, 남자들은 그 두려움을 잘 이해하지 못한다. 그런 일들이 얼마나 주변에서 자주 일어나는 일인지 남자들은 알 수 없다.

내가 대학생 때, 동아리 일로 밤늦게까지 작업하고 새벽 4시쯤 택시를 타는 일이 많았다. 학교에서 집까지 차로 30분 거리였다. 피곤했는지 뒷자리에서 잠깐 졸았다. 깜짝 놀라 눈을 떠보니 집 근처 사거리였다. 기사 아저씨가 룸미러로 나와 눈을 맞추며 말했다.

"학생, 그렇게 자면 어떡해. 아저씨 흥분되잖아."

쌍팔년도 영화에서나 들어볼까 말까한 대사였다. 잠이 싹 달아나면서 이게 뭔가 싶어 눈만 끔뻑거렸다. 내가 별 반응이 없자 아저씨가 말을 이어갔다.

"학생, 아저씨 이제 교대 시간인데 아저씨랑 같이 한강변 양수리에 놀러 갔다 오지 않을래?"

오, 이러다가 정말 영화 한 편 찍겠다 싶어 얼른 지금 여기 내려

달라고 했다. 아저씨는 양수리에 가자고 계속해서 조르며 내가 내려달라 한 목적지를 그냥 지나치려 했다. 조급해진 나는 좀 더 강경하게 당장 내려달라고 했고 아저씨는 아쉬운 듯 쩝쩝 입맛을 다시며 U턴해서 원래 내 목적지에 내려줬다. 참고로 우리 집이 무슨 어두운 골목 구석에 있는 것도 아니었다. 대로변 번화가였음에도 불구하고 나는 마치 나 혼자 세상에 남겨진 것 같은 오싹함에 소름이 끼쳤다.

다음 날 동아리에 가서 택시 사건을 얘기하자 다들 격분했다. 미친 택시기사를 당장 잡아 패줄 것처럼 난리가 났다가, 결국 남자 동기 한 명이 그 후로 늦은 밤까지 일이 있을 때마다 몇 주 동안 함께 택시를 타고 나를 데려다 주고 갔다. 엄청 착한 친구라고? 맞다. 착하고 고마운 친구다. 그런데 말이다. 이런 생각이 든다. 나는 누군가의 보호를 받아야만 내가 하고 싶은 일을 할 수 있는 존재인가? 이 세상은 아직도 이토록 미개한가?

이런 이야기를 하면 꼭 되묻는 얘기가 있다.

"네가 옷을 야하게 입은 거 아냐? 꼭 그렇게까지 늦게까지 일을 해야 해? 그러게 왜 택시에서 졸아?"

피해자에게서 이유를 찾는다. 어이가 없다. 내가 누군가. 섀도우 복싱을 연마하며 불량배 만날 준비를 해왔던 여자애다. 내가 퍽이나 야하게 옷 입고 택시기사를 유혹했겠다. 아니 그리고, 백번 양보해 그 모든 게 사실이라 치자. 내가 야하게 옷을 입었다 치고, 택시에서 졸았던 게 내 잘못이라 치자. 그렇다고 해서 내가 '아저씨, 저를 보고 흥분해 주세요. 저를 양수리로 끌고 가 성폭행해 주세요'라고 한 건 아니지 않나. 제발 그 말도 안 되는 소리들 좀 그만했으면 좋겠다.

얼토당토않은 말을 덧붙이는 사람도 있다.

"남자는 원래 동물이라, 짐승이라 그래. 그러니까 여자가 조심해야 돼."

아직 이런 생각을 하는 사람이 있다면 한 마디 한다. 본인들이 짐승임을 인정하면서까지 욕망을 절제하지 못하면, 짐승들하고 살지 무엇 하러 인간 세상에 어울려 사느냐고.

그러나 다수 남성들이 보이는 '그건 개인 문제지, 여성 전체를 대상으로 한 범죄가 아니다'라는 반응은, 그들이 특별히 못되거나 나빠서라기보다는, 그들이 공감하지 못하기 때문에 나타나는 현상이다. 그런 태생적 고통을 느낄 수 없기 때문에 알 수도 없다. 제아무리 공감능력이 뛰어나다고 해도, 여성들이 평생 느껴온 그 불안함과 두려움을 똑같은 크기로 알아줄 수 없다. 문제는 그렇기 때문에 어지간해서는 설득이 불가능하다는 점이다. 이해가 안 되고 공감이 안 되는데 무슨 설득이 되고 상생이 되겠나. '그 범죄자는 진짜 거세를 하든지 엄벌에 처해야지. 근데 모든 남자가 다 그런 건 아냐. 난 안 그렇거든'이라고 말하는 남성 개인에게 더 이상 무슨 말을 할 수 있을까. 여성들이 '너희 남성들의 그 짐승 같은 남성성 때문에 여성들은 늘 공포에 떨면서 살고 있어'라고 말하면, 우리의 대화가 이어질 수 있을까?

그럼 약자는 어떻게 살아야 하는 걸까? 강자가 '나는 아니'라 하니 그냥 그렇게 믿고 혹시 모를 위험을 대비해 스스로 몸 사리며 살면 되는 걸까? 아니면 강자의 눈 밖에 나지 않기 위해 강자가 시키는 대로만 살아야 할까? 그렇다면 우리는 인간 개개인의 자유와 권리와 행복을 추구하는 민주공화국 체제에 살 필요가 없다. 선한 '왕'과 통치자들에게 나의 삶을 맡기고 운명이라 받아들이고 살았던 전제군주제 시절로 돌아가면 된다. 멀리 돌아갈 것도 없다. 북한을 보면 되겠네. 지금의 북한은 이제 공산주의 국가라고 부를 수도 없다. 그냥 독재국가다. 왕처럼 군림하는 김씨는 제 욕심을 채우기 위해 그 당과 군을 이용해 그 나라 국민들 피 빨아 먹으며 버티고 있다. 그렇게 인간은 모두 동등하게 가치 있고 소중한 존재라는 것을 부인하는 시절로 돌아가면 된다.

그게 아니라면, 우리는 서로를 그 어떤 이유로도 차별받거나 공포 속에 살지 않을 권리가 있는 독립된 인격체임을 인정해야 한다. 나는 누군가의 지배 아래 놓이고 싶지 않고, 차별받지 않을 권리가 있다고 믿으면서 내가 아닌 누군가는 차별받을 수도 있다, 어쩔 수 없는 경우도 있다는 생각을 갖는 것은 모순적이다.

이렇게 말하면 아마 대부분의 사람들이 '난 절대 여성이 열등하다거나 차별받아도 된다고 생각한 적 없다'며 발뺌할 것이다. 남들이 다 옳다 하고 아무래도 맞는 말 같으니 대충 동조하는 것 말고, 가슴에 손을 얹고 되돌아봐야 한다. 이 공감대가 형성되지 않으면 우리는 한 발자국도 앞으로 나갈 수 없다.

그런데 한 가지 걸림돌이 있다. 약자라고 해서 모두가 자신이 부당한 대우를 받고 있다고 생각하며 저항하는 마음을 갖는 것은 아니다. 지금은 이해하기 어려운 체제이지만 인간의 역사상 아주 오랜 시간 동안 왕은 하늘이 내리고, 백성들은 왕을 따라야 한다는 전제군주제가 유지되었다. 아직도 왕이나 천황이 있는 국가도 있다. 또 신기하리만큼 이상하게도 꽤 오랫동안 북한 정권이 이어지고 있다. 그것이 세뇌의 결과인지 순응의 결과인지는 불확실하지만, 여성 역시 모두가 가부장제에 불만을 갖는 것은 아니다. 내가 앞에 써놓은 내용을 읽다 보면, 여성은 모두 페미니스트가 되어야 할 것 같은데 말이다. 예를 들면, 똑같이 밖에서 일하고 들어왔는데 육아와 가사를 더 많이 부담해야 하는 이 땅의 여성들은 화가 나서 모두 현 체제를 바꾸고 싶어 하거나 싫어해야 될 것 같다.

현실은 그렇지 않다. 나처럼 대놓고 문제제기를 하는 사람도 있고, 싫기는 하지만 어쩔 수 없다고 참고 견디는 사람도 있고, 이것이 싫거나 불편하다고 느끼기보다는 그저 당연하다 여기고 사는 사람도 있다. 유식한 외국의 페미니스트들은 이 차이를 '의식화 과정'을 겪은 사람과 아닌 사람의 차이라고 설명했다. 본인의 삶에서 얼마나 많이 여성 차별적 일들을 겪고 살아왔는지 서로 이야기해보고, 당연하게 생각했던 그 일련의 사건들이 사실은 여성을 억압하고 하나의 동등한 인격체로 바로서지 못하게 했던 족쇄였음을 깨닫는 '의식화 과정'. 그 과정을 거치고 나면 누구나 올바른 페미니즘의 시각을 가질 수 있다고 믿는다. 그리고 페미니즘의 대중화를 위해 여성들이 가부장제의 부당함을 스스로 느끼고 깨치고 나올 수 있게 만드는 의식화 과정이 필요하다고 하더라. 공부 많이 한 여성 학자들의 말이다. 어려운 얘기는 아니니 최대한 간단히 소개하고자 한다.

내가 생각하는 페미니즘은 여성이 우월하다, 여성 만만세를 외친다기보다는 어떤 사람이 타고난 성에 의해 그에 맞는 사고와 언행을 해야 한다는 고정관념에서 탈피하는 것이다. 페미니즘에는 여러 갈래가 있고 계파도 있지만 큰 줄기는 일맥상통한다. '여성과 남성은 동등하다'는 것이다. 그러다보니 당연하게도 '페미니즘은 가부장제에 비해 옳은 것'이라는 전제가 깔린다.

아, 먼저 페미니즘, 가부장제, 이런 용어가 나오니까 거부감이 훅 느껴질 수 있다. 충분히 이해한다. 주변을 살펴보니 여성들 중에서도 '페미니즘'이나 '페미니스트'라는 단어를 너무나 급진적이고 세상에 불만 많은 여자들이 하는 특별한 정치적 행동이라 생각하는 경우가 많았다. 그렇지만 그 두 단어는 지금까지 이야기한 것을 함

축적으로 말하는 것일 뿐 새로운 내용이 아니다.

페미니즘은 별게 아니다. '세상 모든 인간은 다 동등하다'는 일견 당연해 보이는 주장을 여성의 관점에서 이야기하는 것뿐이다. 마틴 루터 킹은 인종 차별의 관점에서 흑인 해방 운동을 했던 것이고 페미니스트들은 성 차별의 관점에서 여성의 권익을 주장하는 것일 뿐, 본질은 같다. 그리고 가부장제는 백인우월주의나 나치에서처럼 특정한 인간 부류, 즉 남성이 여성보다 우월하다는 전제로 만들어진 모든 사회문화적 제도 및 분위기라고 생각하면 된다.

그러니까 우리가, 대명제인 '모든 인간은 동등하다'에 동의를 한다면 페미니즘이 우리가 지향해야 할 가치임에도 동의할 수 있을 것이다. 우리는 대통령을 어떤 존재라고 생각하는가. 막상 마주치면 공손해지고 함부로 다가가기도 어렵겠지만, 그를 신이 내린 왕이라고 생각하지는 않는다. 우리 국민의 뜻을 받들어 봉사하는 민주권력의 대행자라고 여긴다. 그러니까 촛불 들고 탄핵도 한 것 아닌가. 페미니즘도 같은 맥락이다. 모두가 동등하다는 것이다. 남성이든 여성이든 성별을 이유로 상대 성보다 위에 군림할 수 없다. 어떤가. 조금은 받아들일 여유가 생겼는지 모르겠다. 이제 '여성은 과거부터 아직까지 사회적 약자로 살아오고 있지만, 가까운 미래에는 남성과 동등한 존재로 인식되는 사회, 여성이라는 이유로 차별받지 않는 사회를 만들기 위해 노력해야 한다'는 전제에는 충분히 동의하게 되었기를 바란다.

그럼 약자들에게 그동안 억눌렸던 끼를 표출할 수 있도록 멍석을 어느 정도 깔아주어야 하지 않을까? 시간도 충분히 주고 자원도 제공해줘야 하지 않겠나. '자, 이제 남녀평등 사회니까 똑같이 기회 줄게, 너희도 해봐' 하는 것은 진정한 배려가 아니다.

너무 오랫동안 '너는 뛸 수 없어. 너는 절대 이기지 못할 거야. 너는 원래 운동을 못해. 너는 그냥 저 잘 뛰는 선수 옷이나 빨아주고 밥이나 해줘'라는 이야기를 들었던 아이에게, 체력도 기르지 못하고 트랙 한번 뛰어보지도 못했던 아이에게, '이제 너도 출발선에 서서 같이 뛰어. 못하면 네가 바보야'라고 하는 것이 공정한가?

그러니까 처음에는 기죽지 않게 여자들을 모아놓고 공부시키기도 하고, 그 중에 대표를 뽑아 리더를 해볼 기회도 주고, 미래에 대해 고민해볼 시간도 주었던 것이다. 정부나 회사에서 고위직에 고용할 여성 인력을 찾아봐도 마땅한 인재가 많지가 않다는 말을 종종 듣는다. 그것은 그동안 여성이 육성될 기회가 그만큼 없었다는 뜻이다. 아직도 여전히 강자를 찾는 냉정한 사회에서 약자가 살아남으려면 여러 가지 안전장치가 필요하다.

그보다 더 중요한 건 의식이다. 사람들의 의식이 바뀌어야 한다. 가부장제를 버리고 모두가 평등한 세상으로 가자는 의식 말이다. 가장 쉬울 것 같으면서도 가장 어려운 부분이다. 남자들이 가부장제를 대하는 반응은 크게 세 가지로 구분된다.

하나는, 머리로는 잘 알겠는데 그래도 엄마가 밥해줬듯이 내 아내가 밥하고 빨래 해주는 게 내 몸이 편하다. 그렇기 때문에 선뜻 그 자연스러운 특권을 놓지 않는 것이다. '남들 다 그렇게 산다', '그래도 애는 엄마가 봐야 한다'며 본인에게 유리한 나름의 논리로 무장하여 가사 분담의 공격을 열심히 방어한다. 그렇게 적당히 기분 나쁘지 않을 수준에서만 아내를 달래가면서 지금까지의 삶을 유지한다.

또 다른 하나는, 그래도 집에서만큼은 내가 누구 하나 깔고 가자는 심리다. 표현이 좀 거칠게 느껴지려나? 한 마디로 말하자면 나도 여기에서는 대장이라는 대접을 받고 싶은 것이다. 밤 늦게까지 회사에서 나이 어린 상사에게 굽신거리며 일하고 돌아온 아버지. 그를 반기는 것은 키우는 개 한 마리뿐. 수년 전까지 광고나 드라마를 통해서 쉽게 볼 수 있었던 장면이다.

기러기 아빠도 한동안 한국 사회를 강타한 안타까운 사례 중 하나이다. 아내는 외면하고 아이들은 품을 떠나는 이 나라의 불쌍하고 외로운 가장들의 모습에 공감하는 남자들이 많았다. 소득이 있는 노동과 가사 노동이라는 분업이 정확하게 나눠진 가정, 즉 외벌이 가정에서는 특히나 이런 상황에서 여성들을 향한 분노가 쏟아졌다. 여편네가 남편이 힘들게 벌어 온 돈으로 먹고 놀기나 한다는 것이다. 남자가 돈 버는 동안 가사도 육아도 아무것도 안하고 놀기만 한 여자가 어디 그리 많겠느냐만. 남자의 입장을 대변해보자면, 어차피 자신이 맡은 파트는 '가시적인 노동 소득 창출'이고, 그렇다면 '얼마인지 책정되지 않는 가사 노동' 파트를 맡은 가정에서는 노동 소득에 상응하는 대우를 해줘야 하는 것 아닌가, 싶은 것이다. 내가 혼자 잘 먹고 잘 살려고 돈 버는 게 아니니까 말이다. 이런 반응들은 돈을 벌어오면서 겪게 되는 크고 작은 어려움들로 인해, 채워지지 않은 자존감 때문에 더욱 강해진 것일 수 있다.

마지막으로는 정말 남자가 하늘이고 여자가 땅이라고 믿는 경우다. 아마 유교에서 가르쳤다는 옛 이야기를 철썩 같이 믿으며, 아직 도포자락과 갓을 매만지고 사시는 어느 고을의 어르신들이 대표적인 사례일 것이다. 우리 할머니 세대까지만 해도 이런 생각들은 정말 아무렇지 않게 당연하게 믿어져왔다.

누워서 침 뱉기 한 번 해볼까. 우리 시골집 얘기다. 나는 아주 어릴 때는 할아버지를 좋아하고 할머니는 무서워했다. 할아버지는 술을 좋아하시긴 했지만 너그럽고 다정하셨다. 할머니는 하루 종일 가만있지 않고 바쁘게 움직이면서도 어딘가 모르게 쌀쌀맞았다. 내가 할머니보다 할아버지를 더 좋아한 이유는 아주 단순했다. 할머니가 나랑 동갑인 큰집 사촌오빠의 초등학교 입학식에는 참석하셔 놓고 내 입학식에는 가지 않겠다고 선언하신 것이다. 그 일로 나도 나지만, 우리 부모님이 꽤나 서운해 했다. 결국 할아버지가 대신 내 입학식에 오시면서 상황이 마무리 됐다. 물론 단지 그 이유 때문은 아니었다. 할머니는 세뱃돈을 주실 때도 대놓고 나와 오빠를 차

85

별했다. 오빠에게는 장손이라고 한 푼이라고 더 쥐어주셨고, 똑같이 장난치고 놀아도, 여자애가 사고 친다며 나를 더 혼내셨다. 나는 자연히 할머니에 대한 반감이 쌓여갔다. 한 살 두 살 먹어가면서는 할머니가 나를 꽤나 소중하고 귀하게 여겨주셨지만, 어릴 때 쌓이지 못한 정은 나이가 들면서도 쉬이 갑자기 커지지는 못했다.

그런데 시간이 좀 흐르면서 가만히 우리 시골집을 들여다보니 돌아가는 모양새가 영 이상했다. 할아버지는 '중헌 일'을 한다는 이유로 집에서 손 하나 까딱 하지 않으셨고, 거의 모든 가사노동을 할머니가 하셔야 했다. 거기까지는 뭐, 그 시절 다른 집들도 대부분 비슷했다손 치자. 그러면 농촌에서 제일 '중헌 일'인 고추밭 농사를 할아버지가 도맡아 하셨을까? 할아버지도 소를 끌고 다니시긴 했지만, 고추밭 곳곳에 할머니 손이 거치지 않은 곳이 없을 정도로 할머니는 새벽부터 늦은 밤까지 쉬지 않고 일하셨다. 점점 의구심이 커져갔다. 아, 제일 '중헌 일'은 조상 제사를 지내는 일인가? 제사상도 할머니가 다 차려내시는데? 어디서부터 뭐가 얼마나 꼬인 건지는 모르겠지만 온갖 노동력 파트는 모두 할머니가 담당해야 했는데, 이게 마치 조선시대 양반과 농민 관계 같았다. 우리 집만 특별했을까? 그 시대의 많은 농촌 가정들이 그랬다. 잘난 양반들은 아무 노동도 하지 않으며 유교경전만 외우고, 실제 입에 들어가는 쌀밥은 농노들이 피땀 흘려 재배한 결과물이었던 시절. 그 시절이 그대로 가정에 옮겨온 것 같다고 해야 할까.

얼마 전 만났던 남자 심리상담가 한 명은 내게 큰 충격을 줬다. 그는 역할심리극 강의에서, 가정의 서열 1위는 '아버지'이니 아내와 자식들은 남편을 존경해야 한다고 우리에게 강요했다. 그게 무슨 소리냐고 따지는 나에게 그는 '심리학적으로 증명된 것'이라고 일축했다. 심지어 '가끔 잘못된 얘기라고 따지는 젊은 여자들이 있는데, 그건 그 여자들이 정상적인 가정에서 자라지 못해서 생긴 트라우마 때문'이라는 말까지 했다. 나는 더 대화하고 싶지 않아서 이야기를 멈췄고 이후에도 몇몇 사람들이 그에게 불쾌감을 드러냈지만, 그는 앞으로도 영원히 자신의 생각을 진리라 믿고 살 것이다. 심지어 본인은 이 분야의 전문가라며 이런저런 권위를 내세우겠지. 우리 주변 젊은 사람들 중에도 '욕먹을까 두려워 입 밖으로 차마 꺼내지는 못해도' 이렇게 '남존여비'를 믿는 사람들이 분명 있을 것이다.

여자들의 경우는 간단히 두 가지로 나눌 수 있다. 하나는 자신이 처한 상황이 잘못되었음은 느끼고 있지만 차마 저항할 용기가 없거나 또는 저항 이후의 잦은 갈등을 견딜 자신이 없는 경우. 다른 하나는 정말 이것이 잘못됐음을 느끼지 못하는 경우다. 후자는 앞서 말한 '의식화 과정'을 거치지 못한 사람들이라고도 할 수 있겠다. 어쨌거나 두 경우 모두 본인이 계속 차별받아도 되는 약자로 살겠다는 것을 본의 아니게 인정하게 된다. 이대로 살고 싶지 않은 여성 중 하나인 나로서는 힘이 빠진다. 그래서 어떻게든 사람들을 설득하고 함께 하자 하고 싶어서 이렇게 '난리부르스'를 추는 것이다.

약자에게 기회를 주고 노력한 만큼 결실을 맺게 도와주는 것은 사회의 안정을 위해서도 필요한 일이다. 롤스가 말하지 않았나. 천부적으로 가지고 태어난 신체 조건이나 재능, 부, 날 때부터 속해 있던 계급, 즉 금수저 같은 것은, 선택한 것도 노력으로 일궈낸 것도 아닌 자연적 복권(natural lottery)에 당첨된 것이라고. 그런 차이가 너무 크고 줄어들 기미가 보이지 않는 사회에서 복권 미당첨자들은 전의를 잃는다. 희망이 없고 행복하지 않다. 우리는 그런 사회를 살기 좋은 사회라고 말하지 않는다.

'모두가 잘 사는 세상을 만들어봐요' 같은 아름다운 캐치 프레이즈까지는 못 내민다고 해도 이렇게 개천에서 '이무기'도 못 나오는 사회는 복권 당첨자들에게도 썩 즐거운 세상은 아니다. 못 사는 사람들을 밟고 군림하는 재미는 그리 길게 가지 못한다. 복권 당첨금으로 만든 물건을 사주는 소비자도 있어야 할 것이고, 함께 일하는 사람들이 있어야 더 좋은 물건도 만들 수 있다. 나만 의욕이 있어봤자 발전도 없고 재미도 없다. 굳이 도덕적인 척 하지 않아도 된다. 단순하다. 대다수의 사람들이 먹고 살 만하고 희망이 있어야 모두가 즐거워지는 것이다.

게다가 그 세상의 반은 여자다. 요새 무슨 여자가 차별을 받느냐, 남자가 역차별 받는다고 생각하는 사람들에게 다시 한 번 말한다. 이제 와서 단지 동등한 기회를 주는 것으로 차별이 끝나지 않는다. '이제 차별은 없다'고 한번 못 박으면 그동안의 일이 모두 없어지고 갑자기 다 동등한 조건으로 뿅, 바뀌는 게 아니란 말이다.

뛰어보지 못한 사람에게는 따로 연습할 기회도 주고, 이온음료도 주고, 발에 맞는 운동화도 사주고, 천천히 손잡고 뛰어주어야 한다. 그렇게 그 사람이 단거리에 강한지 장거리에 강한지 재능도 알아봐주기도 하고, 뛰어보니 영 달리기에 소질이 없는 것 같으면 다른 종목에 도전할 기회도 주어야 한다. 어디서 많이 들어본 얘기 같나? 우리가 '더 이상 헬조선에선 못 살겠다'라고 외치며 좌절하는 흙수저 청년들에게도 사회 안전망을 만들어주고 기회의 평등을 보장해야 한다고 하는 논리와 본질적으로 다르지 않다.

이러쿵저러쿵 길게 떠들었지만, 그럼 어쨌거나 '여성이 사회적 약자니까 아직 모두 평등해지지 않은 상태에서 의무만을 부과하는 것은 공정하지 않다. 먼저 평등한 사회를 만들어라'는 저 주장도 일단 틀린 이야기는 아니네? 그럼 뭐야. 여성 징병제에 찬성한다더니 처음부터 발뺌하는 거냐고? 자고로 한국말은 끝까지 들어봐야 되는 것 아닌가.

징병제 폐지?

어디 다음 주장을 보자. 아예 징병제 자체를 폐지해야 한다는 주장이다. 국가의 안전보다는 개인의 자유가 우선이라는 입장이다. 특히 국가가 군사화되면서 생기는 부작용과 '상남자'적인 남성만이 인정받는 군대와 군사문화의 문제점을 꼬집는다. 그러니 징병제를 점차 모병제로 바꾸어야 함이 마땅한데 여성 징병이라니 '무슨 말 같지도 않은 소리냐' 싶을 것이다.

이 이야기는 실제로 정치인들 사이에서 솔솔 나오는 주장이다. 주된 내용은 이렇다. 어차피 기술로 싸우는 현대전에 머릿수가 뭐 그리 중요하겠나. 게다가 이제 아이도 많이 낳지 않아 병력을 유지할 만큼의 성인 남성도 없다. 선진강군을 위해 직업군인의 수준을 높이고 지금의 징병제는 어떻게든 손을 봐야 한다. 군 복무기간을 18개월로 줄이고 병력도 50만으로 감축하겠다는 정부의 발표는 이런 맥락에서 나온 것이다.

나는 공군 출신이라 그런가, 이런 주장에 상당 부분 동의한다.

무인 스텔스 기가 북한 수뇌부에 침투해 몰래 독재자를 사살하는 상상을 가끔 한다. 얼마 전 우리 야산에서 발견됐다는 북한의 소형 비행물체를 보니 단순한 상상이 아닐 수도 있겠다. 게다가 실제로 휴전 이후 우리가 그간 겪었던 크고 작은 전투들은 대부분 해상에서 국지전으로 벌어졌다. 연평해전, 천안함 사태, 연평도 폭격 등.

전면전은 이제 북한에게나 우리에게나 부담스럽고 명분이 없다. 다 죽자는 거다. 그리고 만에 하나라도 전면전이 일어나면 이 모든 게 무슨 소용인가. 굳이 핵까지 쓸 필요도 없다. 전쟁에 굶주린 전 세계의 수많은 나라들이 신이 나서 몰려들 것이다. 수일 내에 싹 다 죽는 건 일도 아니다. 그래서 공군력과 해군력 강화가 훨씬 중요하다고 생각한다. 현대전은 스피드와 기술이다.

하지만 육사 출신의 친구들과 이런 이야기를 하면 길길이 뛴다. 무슨 소리 하냐고. 해군, 공군이 아무리 날고 기어도 적지에 깃발을 꽂는 건 육군이라고. 군대의 생명은 보병이라고. 병력은 질도 중요하지만 양도 절대적으로 중요하다고 힘주어 말한다.

아직 휴전 상태인데다가 연일 핵실험과 미사일 발사를 강행하는 북한과의 관계를 고려했을 때, 우리나라 안보 상황이 아직도 빨간불인 것은 자명하다. 때문에 국방력 강화가 필요하다는 생각에 대부분의 국민이 동의한다. 다만 그 방법은 전문가라고 해도 개인마다 생각이 다를 수 있다. 군 복무기간 단축이나 병사 월급 올리는 것만 해도 수많은 사람들이 이러쿵저러쿵 입을 댄다. 이 문제만큼은 OECD 선진국이나 주변국의 잣대를 따르기도 쉽지 않아 보인다. 뭐가 좋을지는 아무도 확언할 수 없다. 북한과 대치하고 있는 유일한 직접 당사자이고 유일한 휴전국가가 우리이기 때문이다. 따라서 어찌 됐건 빠른 시일 내에 징병제를 모병제로 전환하는 것은 쉽지 않을 듯하다.

한 가지 더 짚어봐야 할 부분이 있다. 기술이나 전투력 이면의 군사문화와 관련된 징병제의 문제점이다. 징병제로 인한 대다수 성인 남성들의 군 경험은 '상남자' 즉 '헤게모니적 남성성 ─ 강하고 빠르고 공격적이며 전투에 적합한 남성성'을 지향해야 하는 훌륭한 가치관이라 여기게 만든다. 그 기대에 못 미치는 남성이나 여성은 애초에 이등 시민으로 취급된다. 또한 그 남성성이 사회 전반으로 퍼져 나간다. 이러한 상황에 대해 문제 제기를 하는 사람들은 군사화, 획일화된 국가의 정체성을 바로 잡기 위해서라도 징병제를 모병제로 전환해야 한다고 말한다.

그런데 말입니다. 모병제라는 직업군인제도가 일반 국민들에게 정말 유리하기만 할까? 우리가 살고 있는 '공화국'은 기본적으로 국가의 주인이 우리 국민이고 국민에게는 국가를 지켜낼 의무와, 이 국가 안에서 행복하게 살 권리가 있음을 뜻한다. 그런데 모병제는 결국 합법적 폭력기관인 국가의 운영을 일부 자격이 있는 사람들에게 전부 위임한다는 뜻인데, 그렇게 군대와 대중이 멀어지는 것이 과연 옳은 일인지에 대해서는 진지하게 고민해볼 필요가 있다.

군인이 단지 선택 가능한 직업 중 하나가 된다면, 극단적으로는 전쟁을 스타크래프트 경기하는 프로게이머들 중계방송 구경하듯 남의 일로 여기게 될 수 있다. 전쟁을 남의 일로 여긴다는 것은 결국 일반 국민들이 국방, 안보, 치안과 같은 생명과 직결되는 핵심적인 주제로부터 스스로 소외시키는 결과를 야기한다. 지금의 여성이 그렇듯, 전문군인을 제외한 나머지 국민들은 훈련받지 않고 전투하는 법을 모르게 되며 그렇게 약해진 국민들은 군대가 행여 '나쁜' 통치자에 의해 악용된다면, 이를 통제할 방법이 전혀 없는 상황에 놓일 수 있다.

지금 인공지능이나 로봇이 엄청난 속도로 개발되고 있다고 해도, 우리가 정말 로봇에게 무기를, 국방을 맡겨도 될까? 병력 강화를 위해 일정 부분 로봇을 도구로서 활용할 수는 있을 것이다. 하지만 로봇에 의한 인류 전멸과 같은, 만에 하나 있을지 모를 최악의 상황을 예견한다면 로봇에게 전적으로 군대를 맡길 수는 없을 것이다.

여성이 군대에 전면적으로 투입되고, 모든 국민이 군을 경험하게 되면 모두가 전쟁을 가벼이 여기고 그깟 전투 한 번 해 볼 만한 일이라고 생각할 것 같은가? 미안한데, CS탄 가스 한번만 마셔봐도 절대 그런 생각 안한다. M16 소총 들고 3km만 뛰어 봐도 정말 북한이 싫어지고, 유격체조 이틀만 해보면 제발 전쟁이 일어나지 않기를 기도하는 평화주의자가 된다.

누누이 말하지만 직업군인이라고 해서 평화를 원치 않거나, 징병제를 옹호한다고 해서 전쟁의 신 아레스가 아니다. 그저 인간의 내면에 자리하고 있는 폭력성을 인정하고 그 폭력에 대비하기 위해서는 반드시 군대가 필요하니, 이를 유지하기 위한 효율적이면서도 당위성이 있는 방법이 징병제라 믿는 것이다.

만약 징병제로 인해 자리 잡은 군사문화, 즉 강한 전투력을 가진 남성만이 일등 시민으로 여겨지는 인식이 문제라면, 그것은 또 따로 개선하기 위해 노력해야 하는 부분이다. 오히려 군대 내 여성이 다수가 되고, 성별의 구분이 없이 다양한 사람들의 활약이 누적되면 헤게모니적 남성성에 대한 무조건적인 지지가 희석될 수 있다는 긍정적인 측면도 고려해볼 만하다.

그러니까 결국 모병제가 국민의 신체와 직업 선택의 자유를 보장하는 좋은 제도인 것만 같지만, 군대를 사회와 분리된 하나의 독립된 특수 공간으로 운영하면서 특정인들에게 위임하는 것이야말로 전쟁과 국가안보를 '남의 일'처럼 여기게 만들 가능성이 큰, 위험한 일이라는 점을 간과해서는 안 된다.

여군 때문에 발생하는 불편함과 비용, 신체적 차이

똑똑. 네, 다음 들어오세요. 우리 모두가 예민한 돈 문제로군요. 돈 문제지만 우리가 여기에서 통계치 불러와서 몇 백 억 단위로 얘기한다 한들 딱히 와닿는 것도 없을 테니, 복잡한 숫자나 데이터 없이 흐름으로만 이해해봅시다.

꼬꼬마 소위 시절 국방부에서 주최한 '군대 내 성 군기(성폭력 등)와 여군'을 주제로 한 세미나에 참석한 적이 있다. 각 군에서 온 여러 여군 선배들을 만날 수 있었다.

공군 중에서도 비행단보다 상위 부대에 속해 있던 나는 복무 여건이 좋은 편이었다. 우선 사무실 근무였다. 병사들을 많이 다뤄야 하는 험한 지역의 지휘관도 아니고 기지방어 훈련 때를 제외하고는 대부분 참모 역할을 수행했다. 내 밑에는 병사가 세 명뿐이었고, 함께 일하는 사람 대부분이 나보다 한참 선배였다. 주변에는 여자 군무원들도 많았다. 그래서 우물 안 개구리처럼 군대가 굉장히 선진화되었다고 믿고 있었다.

세미나에서는 전방에서 근무한다는 육군 상사 두 명과 같은 방을 썼다. 그녀들은 내게 본인들이 전방에서 겪었던 일들을 들려주었다. 일단 화장실이 없는 건 기본이다. 아무래도 거의 전시와 같은 조건으로 훈련을 수행하다보니 문명사회에서 기본적으로 갖추어져야 하는 것들이 준비되어 있지 않다. 훈련 기간이 길어지면 생리 주기도 피해갈 수 없다. 화장실이 없는 곳에서 생리를 하며 훈련받는 것을 상상해보라. 끔찍하다. '주여, 저를 굽어 살펴 주소서' 하고, 없던 종교도 생길 판이다. 그러니 여군이 징병되어 갑자기 우르르 들어온다면 화장실부터 시작해서 숙소 등 여러 제반시설 구축을 위한 어마어마한 국방비 발생은 필수불가결이다.

해군 남자장교가 세미나에서 발표했던 내용도 기억이 난다. 원래 여자가 배를 타면 부정 탄다는 속설 때문에 해군은 오랫동안 여군을 배에 태우지 않았다. 그런 미신은 둘째 치고, 사실 처음 여군이 배에 타서 불편했던 것은 기존에 남자들만 있었을 때 쉽게 할 수 있던 언행에 제약이 생겼다는 점이었다. 예를 들면 갑판에서 훌렁훌렁 상의를 탈의하고, 아무 곳에서나 쉽게 옷을 갈아입고는 했는데 그 배에 여군이 한 명이라도 있으면 조심을 하게 된다는 것이다. 또 본인들이 공동으로 사용했던 공간을 여군을 위해 독립적으로 마련해 주어야 하는 등, 사소하지만 불편한 것들이 하나둘 생겨나면서 남군들 사이에 여군을 기피하고 싫어하는 현상이 나타났다. 여군들에게도 똑같이 배를 타고 전투할 수 있는 기회를 주는 것이 맞는 것이라고 머리로는 이해하지만, 막상 내 생활 영역에 침범했다는 생각이 들면 싫은 감정이 앞서는 게 보통의 사람이다.

훈련 과정에서도 비용과 불편함은 발생한다. 내가 공군장교가 되기 위해 땀 흘렸던 2010년 당시 우리 기수는 총 500명 가량이었고, 그중 10% 정도가 여군이었다. 처음에 입대자 수는 500명이 넘었는데, 여러 사유로 집으로 돌아간 사람들을 빼고 총 470여명이 임관에 성공했다. 잘 모르는 사람을 위해 덧붙인다면, 입대한다고 무조건 장교가 되는 것은 아니다. 3~4개월의 훈련을 일정 수준 이상으로 받아야 임관할 수 있다. 중간에 본인이 포기하는 경우도 있고, 장교로서 적합하지 않다는 평가를 받아 퇴소당하는 경우도 더러 있다.

우리는 총 2개 중대 8개 소대로 나뉘어 한 학급처럼 움직였다. 소대마다 여군을 골고루 섞어 놓았다. 우리 소대는 60명이었고 여군 6명이 끝까지 살아남았다. 우리 소대에서 같이 훈련받던 여군 장교 후보생 한 명은 훈련을 못 견디고 중간에 자진귀향해서 집으로 돌아갔다. 우리 기수 여군은 52명이 입대하여 4명을 제외한 48명이 4개월 훈련을 거쳐 장교가 되었다.

얼마 전부터 공군 학사장교로도 여군을 1년에 2회 선발한다. 원래는 1년 2회 중 여군은 짝수 기수에만 지원이 가능했다. 그래서 우리 바로 앞 뒤 기수에는 여군 선후배가 없었다. 훈육관이나 교관 선배들의 말을 들어보면, 여군이 있고 없고의 기수별 분위기 차이가 조금 있다고 한다.

여군이 있는 기수는 아무래도 남군들의 표정이 조금 더 밝고 전반적으로 화기애애한 분위기라면, 남군만 있는 기수는 좀 더 격의 없는 분위기라고 한다. 각각의 장단점이 있을 것이다.

남군 개인 입장에서는 여군과 같이 훈련을 받을 때가 훈련 강도가 조금은 더 약할 것이라는 기대를 하는 듯했다. 사실인지 아닌지는 알 수 없다. 여군들은 초창기에는 따로 모아놓고 더 강하게 굴리기 때문이다. 강인한 체력과 정신력 무장을 이유로 여군은 따로 벌을 더 많이 받았다. 때로는 남군들이 여군을 불쌍히 여기기까지 했다. 그리고 여군이 있는 기수에만 있는 특별한 규칙이 있었다. 바로 이성간 의심되는 행동 금지 규정이었다. 따로 빨래터에서 만난다든지, 붙어서 대화를 한다든지, 스킨십을 한다든지 하면 모두 규칙 위반으로 혹독한 벌을 받았다. 만남이 필요하면 반드시 여럿이 함께 만나야 했다.

'싸제(사제품)', 그러니까 군대 밖 사회에서 들여온 물건들은 모두 집으로 보내고 모두가 똑같은 보급품을 써야 하는 원칙이 있었기에, 우리는 필요한 모든 물품을 지급받았다. 속옷, 생리대, 화장품까지. 혹시나 기대할까봐 말해두는데, 화장품에 피부타입 따위는 따질 수 없다. 양질의 제품은 아니었기에 그리 비싸지는 않았을 것이다.

보급품에 드는 비용보다는 오히려 아파서 드는 비용이 좀 더 클 것이다. 2/3 이상의 여군들이 훈련 중에 다치거나 아파서 치료를 받았다. 숫자로 따지면 워낙 남자가 절대다수이니 남군들이 더 많이 아프기는 했지만, 여군들은 하혈도 많이 했고 생리를 아예 하지 않기도 했다. 갈비뼈와 발목 골절, 골반 피로골절, 각종 피부병 등으로 목발을 짚거나 입원을 하는 경우도 많았다. 동기 한 명은 기침을 너무 오래 해서 새끼 갈비뼈가 부러졌는데, 그 몸을 이끌고도 행군을 완주했다. 훈련하는 4개월 내내 하혈을 했던 동기는 아침 구보를 하다가 연병장에서 두어 번 정신을 잃고 쓰러지기도 했다. 나는 혈관부종이라는 듣도 보도 못한 피부병에 걸렸었다. 윗입술이 징그럽게 부풀어 오르는 병이었다. 기도가 부풀면 숨을 못 쉴 수도 있는, 피부병 중 거의 유일한 응급질환이라 했다. 그 병은 훈련이 끝나고도 수년 간 나를 괴롭혀 응급실에서 산소 호흡기를 꽂고 눕는 경험까지 해야 했다.

이 사례들은 자연스럽게 '신체적 특성이 다르다'는 다섯 번째 주장과 이어진다. 여성은 본래 전쟁이나 군대와 맞지 않는 신체적 특성을 타고 났다는 것이다. 2010년 '병역법 헌법 소원 기각 사유' 중 하나이기도 하다.

대한민국 국가대표 배구선수 김연경 선수나 축구선수 지소연 선수처럼 일부 강인하고 우월한 신체조건을 타고난 여전사가 태어날 수는 있으나 선천적으로 여성은 유약하고 남성에 비해 전투력이 떨어진다는 지적이다. 이 주장도 일면 합리적이다. 2차 성징을 겪으면서 가슴과 골반, 엉덩이가 커지고 생리를 하게 되는 여성은 아무래도 상대적으로 움직임이 둔해진다. 사회적으로도 여성은 활동적인 것보다는 정적인 취향을 갖는 것이 옳다고 주입되다보니 오랫동안 몸을 덜 써오기도 했다. 그것이 일종의 유전자처럼 굳어져 계속 대물림 되어 더욱 격차가 벌어졌을지 모른다.

실제 인간의 신체 능력 최대치를 겨뤄보는 올림픽 경기를 보아도, 남성과 여성의 기록 차이가 발생한다. 비슷한 조건에서 비슷한 훈련을 받더라도 결과값이 다르다. 세계에서 가장 빠른 남자는 9초대에 뛰고 세계에서 가장 빠른 여자는 아직 10초의 벽을 깨지 못했다. 양궁, 사격과 같은 기술이 아닌 순수한 신체 능력만을 요하는 경기에는 대부분 비슷한 결과다. 모든 여성 개체가 모든 남성 개체보다 신체 능력이 떨어지는 것은 절대 아니지만, 미묘하다고 해도 남성과 여성의 차이가 있다고 인정할 수밖에 없다. 일부 성평등주의자는 동의하지 않을 수 있다. 나 역시 '경향성'이나 '특성'이라는 단어를 앞세워 개인을 편견에 가두는 것은 매우 싫어하지만, 성별에 따른 신체적 차이는 분명 존재한다고 생각한다.

자, 대충 결론이 난 것 같다. 여자가 군대 가면 돈도 많이 들 텐데, 굳이 별 도움도 안 되는 여자들을 한꺼번에 군대에 보낸다고? 게다가 여성은 사회적 약자니까 지금보다 더 많은 의무를 부과하는 건 부당하다며?

아무래도 여성 징병은 안 되겠다. 땅. 땅. 땅.

어떤가. 기쁨의 환호가 쏟아지나? 아니, 한국말은 끝까지 들어 보래서 기껏 참고 봤더니 예상치 못한 결론에 더 속은 기분이려나.

아니다. 그럼에도 불구하고 여자는 군대에 가야 한다. 그렇기 때문에 여자는 군대에 가야만 한다. 이미 불리한 건 다 짊어지고 있고, 몸도 더 약하고, 돈도 많이 든다고 해도, 그 모든 것을 인정하더라도 그것이 더 이상 대한민국 여성이 군대에 징병되지 말아야 할 사유는 될 수 없다.

오히려 약자이기 때문에, 여성은 군대에 가야 한다.

제3장 이럴 때 꼭 나오는 남의 나라 얘기

남의 나라 이야기

여자들이 군대에 가야 한다고 생각하는 여자로서, 간혹 인터넷에서 발견하는 '여자도 군대 가라'는 남자들의 주장은 거슬릴 때가 많다. 그들의 대다수는 예쁜 외국 여군 사진들을 올려놓고 그녀들은 당당히 징병제로 여군 가는데 너희는 왜 안 가냐고 한다. 그런 류의 주장이 거슬리는 가장 큰 이유는 미모의 여군 사진들을 사용하면서 눈요기로 삼는다는 점이다. 못 믿겠는가? 당장 검색해보라. 비키니 입은 여군, 예쁜 금발의 여군들 사진을 올려놓고 군대에 가지 않는 한국 여성들을 개념 없고 김치 먹는 존재로 평가절하하는 글이 얼마나 많은지. 여군의 역량이나 업적보다는 외모에 집중하면서 본인들이 유리한 논리만 가져다가 감정적으로 쓰는 글이 상당수다. 어떤 역사적 배경에서 왜, 어떻게, 그러한 제도가 마련되었고 우리와 상황은 얼마나 다른지 진지하게 고찰한 경우는 발견하기 어렵다.

자존감 높고 자의식이 강한 사람이라 할지라도, 우리는 종종 무언가를 결정할 때 자신을 옆 사람과 비교해보게 된다. 남들도 하고 있으면 나도 해야 할 것 같고, 남들이 하지 않으면 나도 그만 두어야 할 것 같은 마음이 든다. 아기가 있는 부모들은 특히 이런 딜레마에 빠지는 경우가 많다. 아이가 다니는 유치원 친구가 영어 교구 삼백만 원짜리 프로그램을 시작했다는 얘기를 들으면 처음에는 생각지도 않았던 물건일지라도 고민 끝에 따라서 하나 구입하고 만다. 이렇게 꼭 누군가를 따라서 움직이는 경우가 아니더라도, 우리는 우리의 논거를 강화하기 위해 비교 대상을 설정하기도 한다.

갑자기 엉뚱하게 무슨 말이냐고? 뉴스에서 국가 정책이나 사회 현상들을 논할 때 가장 자주 등장하는 단골손님을 소개하려고 이렇게 장황하게 이야기를 풀었다. 바로 OECD 선진국이다. 짝짝짝. OECD 자살률 평균은 어느 정도인데, 우리는 최하위권이니까 앞으로 더욱 신경써야 한다든지 하는 얘기를 많이 들어봤을 것이다. 선진국이 먼저 겪은 어려움을 우리가 그대로 답습하지 않기 위해서 타산지석의 마음으로 비교한다고는 하지만, 사실 귀에 걸면 귀걸이, 코에 걸면 코걸이가 아니겠나. 그래서 나도 다른 나라들은 여성 징병제에 대해 어떻게 대처하고 있는지 몇 개 나라를 살펴보고자 한다.

분쟁 국가는 많다. 특히 중동과 아프리카 지역을 중심으로 내전 중인 나라가 많은데, 시리아, 이스라엘, 이라크, 우간다 등이 대표적이다. 그 중에는 소년병까지 징집될 정도로 심각한 수준의 전쟁이 현재 진행 중인 나라들도 있다. 우리는 간혹 국지전이 벌어지기는 하지만 전 세계의 유일한 휴전국가로 분류된다.

그 중 경제 수준이나 환경 등을 고려해 봤을 때 비교가 적당해 보이는 이스라엘과 일부 북유럽 국가들의 상황을 살펴보겠다.

이스라엘 군대의 여성들

이스라엘은 1948년 공식적인 건국 이전부터 여성을 군대에 참여시켰다. 훈련도 남성과 똑같이 받았다. 다만 여군은 남성의 보조적 역할이나 비전투적인 역할만을 수행했다.

이스라엘의 국가에 대한 집착과 갈망은 우리나라보다 더하면 더했지 적진 않을 것이다. 그들의 역사는 전 세계 베스트셀러인 '성경'에 적혀 있는 터라 익히 많은 사람들이 알고 있겠지만, 이스라엘 국민들은 나라를 되찾기(?) 위해 꽤 오랜 시간 투쟁했다. 나치의 유대인 탄압부터 시작해서 사방팔방 이슬람 국가들에 둘러 싸여 건국이 전쟁 그 자체였다. 그러다보니 이스라엘에서는 군대가 곧 국가이자 정부로 동일시되어 막강한 권력의 핵심 기관이 될 수밖에 없었다.

이스라엘 군대는 처음부터 여성과 남성 모두를 징병했고, 그러면서 진정한 국민 모두의 군대이자 민족의 상징적 존재로 여겨졌다. 특히 이스라엘 군대가 여성을 징병하면서 내세운 핵심 키워드는 '평등'이다. 이스라엘에서 국방의 의무는 국민으로서 반드시 수행해야 하는 의무인데, 여성이라고 해서 그 의무에서 제외시킨다면 절대 남성과의 관계에서 평등할 수 없다는 것이다.

그렇지만 자세히 들여다보면 꼭 그렇지도 않다. 복무기간이나 군대 내에서의 역할에 있어서 여자와 남자의 징병은 많은 차이가 있다. 남성의 복무기간은 3년인 반면 여성은 21개월이다. 게다가 여성은 결혼을 하거나 임신을 했다면 군대에 가지 않고, 종교를 이유로 양심적 병역 거부를 할 수도 있다. '세상에, 그럼 어느 여자가 군대에 가겠나? 모두 양심적 병역 거부를 하겠지'라는 생각이 들지 않나? 그런데 종교적 이유라는 것도 잘 들여다보면 결코 여성에게 좋은 게 아니다. 유대인 전통상 딸이 아버지로부터 떨어져 지내거나 남녀가 같은 공간에 있으면 안 되기 때문이란다. 그래서 실제로 50% 안팎의 여성만이 징병된다고 한다.

여성이 징병됨으로써 마치 굉장히 평등한 대접을 받을 것 같지만 현실은 그렇지 않다. 전투 병과에서 대다수의 여군을 배제하고 있는데 결국 '진짜 군인' 대접을 받고 마지막 영웅이 되는 것은 전투병으로 희생한 남자 군인이다. 여군은 보조자일 뿐이다. 그리고 그렇게 다시 남성 위주로 사회가 굴러간다.

또한 이스라엘 여군들은 '남성성'을 흉내내야 한다는 강박에 시달린다고 한다. 성희롱이나 추행 등의 범죄를 경험하고도 그것을 문제 제기할 경우 본인이 '여성'임을 주목받게 되는 상황이 불편하기 때문에 혼자 참고 견디는 경우가 많다고 한다. 왠지 이스라엘 군대의 분위기가 낯설지 않게 느껴지는 것은 내 기분 탓일까.

썩 유쾌한 사례는 아니다. '평등'을 모토로 걸고 나름 국방의 의무를 한다고 했는데도 여전히 이스라엘의 여성 정치인 비율이 10% 안팎이라는 것은 실망스럽기까지 하다. 종교색이 강하다는 것이 우리 사회와 차이가 있기는 하지만, 이대로라면 딱히 보고 배울 것이 없다. 우리가 여성 징병제를 도입하더라도 반드시 이스라엘보다는 더 나은 여건을 마련해야 할 것 같다.

북유럽 군대는 우리와 어떻게 다른가

이스라엘은 조금 실망스러웠는데, 북유럽은 어떨까? 북유럽 국가들은 세계에서 양성평등이 가장 잘 실현되고 있다고 평가받는다. 뿐만 아니라 사회민주주의와 복지국가를 표방하고, 평화롭고 살기좋은 곳으로 인식되어 우리나라에도 꽤나 많은 북유럽 마니아들이 존재한다. 그런 스웨덴과 노르웨이 그리고 네덜란드까지 징병제를 부활시키고 특히 여성 징병제를 도입한다는 발표는 조금 충격적이었다.

노르웨이는 기존의 법률을 개정하며 여성들에게도 병역 의무를 부과하고 2016년부터 여성을 징병하기 시작했다. 노르웨이의 이번 결정은 전 세계의 주목을 받았다. 유럽연합(EU), 북대서양조약기구(NATO) 회원국 중 처음으로, 그것도 평시 국가로서는 최초로 성별에 관계없이 모든 시민을 징집대상으로 명시했기 때문이다.

이제 법적으로 19세부터 44세까지의 노르웨이 여성들은 1년간 군복무를 해야 한다. 노르웨이의 현 국방장관이자 여성인 에릭센

110

쇠레이데 국방장관은 '우리는 더 이상의 징병이 필요하지 않지만, 더 의욕적이고 유능한 신병을 유치하기 위해 징집 대상을 모두에게 확장했다'고 했다.

근데 조금 혼란스러운 것은, 노르웨이는 분명 징병을 한다고 했는데 노르웨이 국민 전체가 의무적으로 병역을 이행하고 있지는 않다는 것이다. 우리가 생각하는 징병과는 약간 의미 차이가 있는 모양이다. 징집 대상에는 모든 국민을 포함시켰지만 실제 그만큼의 병력이 필요하지 않기 때문이다.

매년 군복무를 하는 사람은 8000명 정도로 징집대상 6만 명 중 10%를 조금 넘는 인원만 입대를 한다. 규모에 있어서는 우리와 비교할 만한 대상이 아니다. 최종 선발에는 신체검사뿐만 아니라 군대에 가고 싶은 의지를 고려한다. 신검에 와서 잘 안 보이는 눈으로 시력 검사를 엉망으로 해놓고는 '꼭 가고 싶습니다!'고 외쳤던 청년이 인상적이었던 유명 드링크 TV광고가 생각난다. 어쨌거나 '징병제'라고는 하지만 사실상 선택 또는 선발에 가깝다는 이야기이다.

따라서 여성을 대상으로 징병제를 시행하더라도 병력 자체를 대규모로 확대하는 것이 아니기 때문에, 실제 여군이 엄청나게 많이 늘어나지는 않는다. 노르웨이에서 여성은 이미 1976년부터 자원입대할 수 있었고, 노르웨이 현역병 8000명 중 10%는 여성이다.

노르웨이가 여성을 징집하기로 한 것은 상징적인 면이 더 크다. 자원입대는 가능했지만 줄곧 남성이 대다수였던 현재의 군대에 여군 비율을 늘려서 '성 중립적(gender neutral)'인 군대를 만들겠다고 의지를 밝혔다. 노르웨이 국방부는 현재 10%인 군대 내 여성 비율을 2020년까지 20%로 늘리는 것을 목표로 하고 있다. 그리고 차근차근 그 비율을 확대해 나갈 것으로 보인다. 노르웨이는 유럽국가들 중에서도 가장 양성이 평등한 나라로 여겨지며, 2003년부터는 모든 공기업과 민간기업에서 임원의 40%를 여성으로 채우는 것을 의무화하기도 했다.

2018년부터는 스웨덴과 네덜란드 여성도 군대에 징병된다. 스웨덴은 2010년 폐지했던 징병제를 부활시켰다. 러시아 등 주변국의 위협이 커졌다는 것이 표면적인 징병제 부활 이유이다. 징집 대상은 18세 젊은이로, 9개월에서 1년 정도 복무하게 된다. 그리고 이제부터는 여성도 징집대상에 포함된다. 스웨덴 정부는 징집 대상이 되는 1999년~2000년생 남녀 약 10만 명 중 1만 3000명을 뽑아 징집 절차를 진행, 4000여 명을 최종 선발해 훈련하게 된다.

스웨덴 역시 '성 중립적(gender neutral)' 군대를 만들어 성 평등 확산에 더욱 기여하겠다는 입장이다. 스웨덴 정부는 공식적으로 노르웨이의 여성 징병제에서 영감을 얻었다고 밝히기도 했다.

스웨덴도 이미 양성 평등한 국가의 대표주자로 인식되어 있다. 144개국의 성 평등 지수를 조사한 세계경제포럼의 '2016 세계 성격차 지수'(GGI)에서 스웨덴은 4위를 차지했다. 한국은? 116위였다. 또 다른 조사에서도 비슷하다. 남녀 임금격차, 여성의 노동 참여율, 정규직 근로자 여성 비율 등 5가지 기준을 토대로 산출하는 '여성 경제 활동 지수'도 스웨덴은 경제협력개발기구(OECD) 회원국 33개국 중 2위였다. 한국은? 32위였다. 우리가 그토록 비교하기 좋아하는 OECD에서 거의 꼴찌를 기록했다.

원래 공부 잘하는 친구들이 운동까지 욕심내는 법인지, 스웨덴은 현재에 만족하며 머무르지 않았다. 스웨덴의 양성평등 전문가들은 아직까지 남아 있는 성차별을 해결하기 위해 여성 징병제 도입이 필요하다고 지적해왔다.

다만 스웨덴도 노르웨이와 마찬가지로 징병 대상이라고 해서 모든 젊은이가 군에 입대해야 하는 것은 아니다. 스웨덴은 1901년 징병제 도입 직후인 1902년부터 종교적, 윤리적, 양심적 병역거부자에 대한 병역의무 거부를 법으로 보장하며, 대체복무제도 시행하고 있다.

네덜란드도 역시 2018년부터 여성을 군대 징병 대상에 포함할 예정이다. 앞의 두 국가와 사정은 비슷하다. 당장 전쟁이 일어날 확률이 거의 없기 때문에 굳이 여군을 징병해야 할 필요성은 떨어진다. 그럼에도 불구하고 여성 징병을 실시하는 이유는 무엇일까?

네덜란드 역시 상징적인 의미에서 여성 징병제를 도입했다고 평가된다. 네덜란드의 성 평등 지수는 어떨까? 스웨덴이 4위에 올랐던 '2016 세계 성 격차지수'(GGI)에서 네덜란드도 상위권 16위에 올랐다. 여성의 노동시장 참여율도 74%로 OECD 평균보다 높은 수준이다. 2016년 UN 지속가능발전목표(SDGs) 중 하나인 '포용적이고 형평성 있는 양질의 교육 보장과 평생 교육 기회 증진'에 가장 힘쓰는 OECD 회원국 중 3위로 꼽히기도 했다.

정리하자면 북유럽 국가들은 군대에서도 성역을 무너뜨리겠다는 의지로 여성 징병제를 도입했다. 여성 징병에 대한 접근 방식은 이스라엘과 크게 다를 바가 없어 보인다. 그런데 노르웨이, 스웨덴, 네덜란드는 이스라엘과 분명한 차이점이 있다. 그들 국가는 여성 징병제뿐만 아니라, 성 차별 근절을 위해 국가 차원에서 다양한 노력을 해오고 있으며 실제 유의미한 성과를 거두고 있다. 북유럽 국가들의 여성 징병은 이를 계기로 사회에서의 성 평등을 이제 막 도입해 나가는 시작 단계라기보다는, 이미 사회 전반에 널리 퍼져 있는 성 평등적 관점을 바탕으로 성별에 의한 차별을 없애고 평등한 관계를 더욱 공고히 하기 위한 일환으로 판단된다.

최근 스위스에서도 여성 징병에 대한 논의를 시작했다고 하니 우리나라에서도 조만간 정말 이 문제가 이슈화될지 모르겠다. 그런데 최근 수년 간 이렇게 여성 징병제 논의를 발전시키고 있는 나라들의 면면을 보면 공통점이 있다. 모르긴 몰라도 성 평등에 있어서 '선진국'으로 평가받는 국가들이라는 점이다. 그래서 여성 징병제에 대한 인식이 우리나라와는 출발부터 차이가 있다. 이스라엘도 말로는 여성 징병제가 시민권 획득과 양성 평등을 이루기 위한 중요한 역할을 수행한다고 하지만, 실제 이스라엘 군대에서 여군이 겪는 고충이나 사회 전반적인 분위기가 여성 친화적이지 않다는 조사 결과가 목표와 현실의 괴리를 드러내고 있다.

우리나라의 현실은 안타깝게도 북유럽 국가들보다는 이스라엘에 좀 더 가까워 보인다. 우리가 앞으로 지향해야 할 방향이 무엇인지 다시 한 번 되새겨 볼 필요가 있다.

한국 여군으로서의 경험담

우리나라 여군은 어떨까. 내가 어찌 개인들의 속사정을 다 알겠느냐만 '진짜 사나이'에 나오는 예쁜 여군 말고, TV 다큐멘터리에 되게 멋있게 나오는 그런 여군들 말고, 그저 평범하고 변변치 못했던 공군 장교로서의 짧은 경험을 바탕으로 이야기를 나눠보려 한다.

　군복무 내내 나를 괴롭힌 것은 '부채감'이었다. '의무복무가 아니라 선택'이라는 일종의 부채감 때문에 병사들 앞에서 더 떳떳하고 강한 장교로서의 모습을 보이지 못했다. 아마 아무도 몰랐을 것이다. 티내지 않으려 노력했으니까. 어쨌거나 나는 대한민국 공군 장교였고, 그에 합당한 자질을 인정받았으며 열심히 노력하여 그 자리에 갈 수 있었던 것이기 때문이다. 그러나 이상하게도 나의 마음이 당당하지 못했다. 이것은 내 개인의 지나친 자기검열일 수도 있을 것이다. 다른 여군들은 전혀 그럴 필요가 없다. 왜냐하면 지금의 여군들은 제 자리에서 최선을 다하고 있는 훌륭한 참군인일 것이기 때문이다. 그들 또한 현 제도에 맞게 장교와 부사관으로서 갖춰야 할 모든 역량을 검증받고 병사를 지휘할 수 있도록 선발되고 훈련된 자원이다. 부족한 것이 전혀 없다.

하지만 나는 솔직히 무언가 미안하고 떳떳하지 못한, 그런 마음이 있었다. 어릴 때부터 늘 '리더'의 자리를 꿰차지 못해 안달복달했던 내가 왜 갑자기 이렇게 소심해졌을까. 장교가 되었으면 옳거니, 하고 병사들을 진두지휘하는 게 체질에 딱 맞았을 텐데. 아마 그때 내 주변 환경이 영향을 크게 미쳤던 것 같다. 내 상관 중 한 명이 여군을 노골적으로 싫어했다. 그는 '여군을 왜 받았는지 모르겠다. 여자는 군대에 필요 없다. 나는 여군이 처음 들어올 때 엄청 반대했다'는 말을 나와 내 하급자들 앞에서 여러 번 반복했고, 그의 부하인데다가 당사자 여군이기까지 한 나는 늘 아무 저항도 못하고 상처 받아야만 했다.

이런 글도 쓰는 사람인데, 그때 그 상관에게 여성비하라고 당당히 따지지 그랬냐고? 성희롱이라고 신고하지 그랬냐고? 그런데 반대로 한번 생각해보자. 그런 말을 들은 여군들은 어떤 마음일까. 그렇게 '내 탓도 아닌데 내 잘못 같은' 꾸지람을 듣고 구박 받을 때마다 얼마나 자존심이 상했을까. 나처럼 천성이 '강성'인 사람도 신경쇠약, 강박증에 걸린 것처럼 힘들어 했는데, 비슷한 일을 겪은 다른 여군들이 아무렇지 않을 리가 만무하다. 여군들이 겪는 고충은 생각보다 크고 다양하다. 나와 내가 아는 여군들이 군대에서 겪었던 크고 작은 성추행, 성희롱들을 열거하면 이 책이 너무 지저분해질 것 같지만 몇 가지만 용기 내 꺼내보겠다.

퇴근하고 10시가 넘어서 술 한 잔 하자고 전화하기에 몇 번 거절하기 민망해서 전화를 피하면, 다음 날 '왜 통신축선유지 안 하느냐'고 깨진다. 군인은 언제 무슨 일이 있을지 모르니 반드시 비상연락망처럼 언제든 전화를 받아야 하기 때문에, 그 점을 악용하는 것이다. 어느 날은 다음 날 휴일인데 단 둘이 새벽부터 등산 하자고 전화한다. 거절하면 거절한 대로 이래서 여군은 안 된다고, 여자로서가 아니라 하급자로서 지휘관리 차원에서 같이 하자고 한 거라고 온갖 불편한 말들을 쏟아내고, 승낙하면 승낙한 대로 하루 종일 스트레스다. 면담 하자며 그가 혼자 사는 숙소 BOQ에 같이 가거나, 회식하다가 애매모호한 스킨십은 기본이다.

아마 누군가는 이 글을 보고, '이거 내 얘기인가?' 뜨끔할 수도 있다. 하지만 미안해하거나 반성하기보다는 '난 나쁜 뜻으로 그런 게 아닌데, 네가 어떻게 나에게 이런 창피를 줄 수 있느냐'며 화를 먼저 내지는 않을까 조심스레 추측해본다. 아, 아니다. 정정해야겠다. 본인이 이런 언행을 했는지 기억조차 하지 못할 가능성이 90%가 넘을 것 같다.

어쩌면 수많은 여군들이 이와 비슷한 또는 더 심한 수준으로 불편하고 힘든 일을 겪으며 살고 있을 것이다. 중요한 건, 그는 이런 행위들이 성희롱, 성추행, 여성 혐오에 해당하는 행위라고는 상상조차 하지 않는다는 점이다. 왜냐하면 여기는 군대고 자기는 상관이니까. '남자 하급자에게 하는 것을 여자 하급자에게 똑같이 하면 안 되나? 왜 별 것 아닌 일로 따지고 드나? 그러니까 여자는 군대에 필요 없다'는 논리를 펴는 것이다. 경계가 아리송하다. 내가 이런 일을 당했다고 해도 '모든 여군이 그런 일을 당하는 게 아니다'라며 특별한 사례로만 취급한다. 그래서 강간 수준이 아니면 어지간한 희롱이나 추행을 당해도 말 꺼내기 어려운 게 아직까지 어두운 군대의 단면이다.

여군이 군대에 필요 없다고 생각하는 남자 군인이 사실은 꽤 많을 것으로 예상된다. 여군 이야기가 나오면 '근데 솔직히 여군 없어도 된다'는 말을 하는 사람들을 심심치 않게 만날 수 있다. 군대에는 전통적인 강한 남성성만이 필요하다고 생각하기 때문에 그에 미치지 못하는 약함이나 여성성은 배제해야 한다고 생각하는 것이다.

불편함도 한몫 한다. 훈련하러 야전에 나가야 하는데 소속 부대에 여군이 한 명이라도 있으면 여군용 계획을 하나 더 준비해야 한다. 숙소, 화장실 문제부터 시작해서 세심한 '배려'가 필요하다. 설상가상으로 그 여군이 개인적으로 마음에 들지 않는 성격이거나 '징징대며' 열심히 하지 않기라도 해봐라. 아주 눈엣가시가 될 것이다. 그리고 자신의 군 생활 중 한두 명이라도 '남군처럼' 최선을 다하지 않는 여군을 겪어봤다면, 그의 뇌리에 '여군은 징징이'로 새겨지게 된다. 아, 물론 남군이라고 모두 다 헌신적으로 군 생활을 열심히 하는 것은 절대 아니다. 하지만 익히 배우지 않았나. 남군은 못해도 그냥 그 남군이 못하는 거지 '남군 전체'를 싸잡아 못한다고 하지는 않는다. '성급한 일반화'는 어찌나 여군들에게만 잘 적용되는지, 아주 대단히 합리적이고 논리적인 세상이다.

사실 이런 이야기를 어디에도 하고 싶지 않았다. 지금 그래도 나름대로 사명감을 가지고 열심히 복무하고 있을 전국의 여군들에게 해가 되지는 않을까 하는 걱정 때문이다. 하지만 아마 티는 내지 못해도 전국의 수많은 여군 장교 및 부사관들이 내가 지금 말하는 이 느낌을 최소한 한번쯤은 경험하지 않았을까 생각해 본다. 위로는 상급자들이, 아래로는 불만 섞인 병사들이 초급 여군 장교와 부사관들을 얼마나 불편하게 생각하는지 심심치 않게 느낄 수 있었다.

부대에 유독 여군과 여군무원이 많았던 나는 주변 선배들이 어떤 개인의 품성이나 언행에 대해 말하면서 '여군'으로 싸잡아 욕하는 것을 많이 들었다. 동기들과 만나 이야기를 들어봐도 비슷했다. 우리 부대 여군 A에 대해 '화장이 너무 진하다'고 사람들이 수군거렸다. 남군 서너 명이 모여서 '걔는 아이라인이 너무 강하다'는 둥 나도 잘 모르는 화장기법까지 꺼내서 험담했다. 나한테 직접 '여군들의 진한 화장'에 대해 문제 제기하며 본인의 의견을 피력하는 사람도 있었다. 그때만 해도, 군인복무지침에 장교의 품위유지를 위해 지켜야 할 조항들이 있었기 때문에 그런가보다 하고 넘겼다. 그런데 바로 옆에 있는 내 동기네 부대의 여군 B는 '여군이 왜 저렇게 안 꾸미고 다니느냐'고 욕을 먹었단다. 어쩌라는 건지.

여군은 부대 내에서만 화제가 되는 것이 아니다. 우리는 영외자니까 출퇴근을 할 수 있었는데, 종종 부대 근처 시가지에서 서로를 마주칠 때가 있다. 여군은 밖에서 식사를 하는 것만으로도 이슈가 됐다. 무슨 옷을 입었는지, 어디에서 어떤 음식을 먹었는지, 누구와 있었는지, 그게 몇 시였는지까지. 그 상대가 남자일 때의 반응은… 여러분의 상상에 맡긴다. 그런데 한편으로는 재미있지 않나? 이게 21세기, 이제 곧 집집마다 로봇 한 마리를 키우게 된다는 최첨단 시대를 살아가는 우리 현실 속에 존재하는 이야기라니.

인구도 적고 시내까지 나가려면 한참 걸리는 작은 지역에서는 정말 여군의 일거수일투족이 뉴스가 되기도 한다. 그럼 누군가 한마디 덧붙일 것이다. 여군 전부가 아니라 '예쁜 여군'한테만 관심 있는 거라고. 그러면서 '사람 검색'을 통해 군 내부 인트라넷에 뜨는 증명사진을 가지고 여군 외모 서열을 매긴다. 여군들이 잘난 조종사나 명문대 병사들을 꾀어서 시집 잘 가려고 입대했다는 말도 서슴없이 한다. 몇 개 사례만 가지고 성급하게 일반화하는 것 같나? 내가 사실을 너무 과장, 왜곡하고 비약하는 것 같나? 이 모든 게 내가 겨우 3년 복무하면서 보고 듣고 겪은 일들이다. 문제 삼지 않고 넘어갔을 뿐, 실태는 더 심하면 심했지 이보다 약하지는 않을 것이다.

성희롱이 군 내부에서만, 군인들 사이에서만 일어날까? 아니다. 어느 날 저녁, 군복을 입고 부대 근처에서 식사하고 나오는데 3, 40대로 보이는 아저씨 여럿이 가게 앞 차에서 우르르 내렸다. 그러더니 나를 스윽 아래위로 훑어봤다. 평소에 군복을 입고 다니면 쳐다보는 사람이 한두 명도 아니고 그러려니 하고 지나가려는데, 낄낄거리는 소리가 들린다. 그중 한 마디가 귀에 박혔다.

"야, 여군은 뻣뻣해서 재미없어." (실제로는 아주 더러운 수준의 문장이었다.)

순간 혈압이 확 오르는데, 돌아서서 '야! 누가 너랑 하고 싶대?'라고 소리 치고 싶었지만 그럴 수 없었다. 군인은 대민 마찰하면 안 된다는 철칙이 있었기 때문이다. 아니, 솔직히 그 거친 아저씨들에게 덤벼서 이길 자신도 없었다.

나도 욕을 많이 먹었을 것이다. 나는 임관한 지 1년도 채 지나지 않아 장기복무를 하지 않겠다고 선언했다. 선배들에게는 대들기 일쑤였고, 군기 없다고 혼나기도 많이 혼났다. 그러면서 거의 내놓은 자식 취급을 받았다. 어차피 나에게는 '평가'나 '장기선발'이라는 약점이 없으니 살살 구슬려 일을 시켜야 했던 상관들은 내게 별 다른 기대는 하지 않았다. 다만 나는 3년 내내 '장기복무도 안할 거 뭐하러 들어왔는지 모르겠는 이상한 여군' 취급을 받았다. 대신 장점이 하나 있었는데, 내부자이면서도 제3자의 시선으로 군 내부를 바라볼 수 있었다는 것이다.

　또 한 가지 특이점이 있었다. 여군끼리도 서로 헐뜯고 싫어하는 경우가 많았다. 물론 누구든지 나와 맞지 않는 누군가를 싫어할 수 있다. 처음부터 그게 여자라서, 남자라서 싫어하는 경우는 극히 드물다. 다만 내가 여기에서 말하는 '여군이 여군을 싫어한다'는 것은 단순히 개인이 개인을 싫어하는 게 아니라 '여적여 – 여자의 적은 여자'와 관련된 이야기이다. 여군이 같은 여군의 여성성을 옳지 않다고 생각하며 욕하는 일도 많다는 뜻이다.

　한번은 우리 부대 최고 높은 분이 기념품을 준다고 해서 영관장교들만 참석하는 큰 회의에 나와 내 동기, 그리고 몇몇 여군 선배들이 초청된 적이 있었다. 내가 받은 것은 티셔츠였고 내 동기는 모자를 받았다. 회의가 끝날 무렵이어서 우리는 기념품을 꺼내 모자를 써보기도 하고 티셔츠를 몸에 대보기도 하면서 즐거워했다. 다른 여군 선배들도 웃고 있었다. 화기애애한 분위기였다. 그런데 나와 내 동기의 1년 선배가 회의가 끝나고 우리 둘을 소집했다. 칼바람이 부는 날 테니스장 앞에서 야전상의도 걸치지 못하고 홑겹 군복만 입고 있던 우리는 30분이 넘도록 선배에게 혼이 났다. '너희는 어깨의 다이아가 무겁지도 않냐'는 선배의 말이 아직도 귓가에 생생하다. 선배 이야기의 골자는 우리가 왜 그 자리에서 군기를 똑바로 잡지 않고 희희낙락거렸냐는 것이다. 덧붙여 평소에 머리 묶은 모습도 맥아리가 없고 힘이 없어 보이니 똑바로 다시 묶고, 괜히 여자처럼 굴지 말라는 훈계도 들었다. 그때는 억울하기만 했는데, 지금 와 생각해보니 그 선배가 우리에게 유난히 까다롭게 굴었던 이유가 이해될 것도 같다. 여자이지만 군인이기에, 여군은 무언가 유약해 보이거나 감정적으로 느껴지는 모습을 절대 보여서는 안 된다는 강박이 강했던 것이다.

군대는 남성성이 인정받는 공간이기 때문에 여군이더라도 남성성을 강하게 보여주는 여군이 참된 여군이라고 생각한다. 씩씩하고, 남자가 하는 일들은 모두 똑같이 다 해낼 수 있는 그런 여군. 그런데 참 웃긴 게, 과일을 깎거나 손님 차를 내올 일이 있으면 남군들은 자연스레 여군을 쳐다본다. 그때는 또 전통적인 여성의 역할을 기대하는 것이다. 불행 중 다행인 건, 군대는 계급이 깡패인 조직이라 그럴 때마다 나는 다시 병사를 쳐다본다. 그럼 또 어색하게 병사가 사과와 과도를 든다. 결국 20년 넘게 근무한 베테랑 여군무원이 병사의 어깨를 툭 치며, '아유, 내놔!' 하고 과도를 빼앗아 과일을 깎아준다. 그렇게 상황이 정리가 되면, 이상하게 나는 나대로 안도하고 남자군인들은 편안한 웃음을 짓는다. 나는 여성으로서의 성 역할이라는 굴레에서 제대로 벗어나지 못했고, 한편으로는 군인으로서, 장교로서 지키고 싶은 자존심이 다칠까 두려워하며 남자 군인은 겪지 않아도 될 딜레마 상황들을 겪는다.

한 마디로, 여군에게는 참 많은 것을 요구한다. 일을 못해도 여

124

군이 못하면 세 배, 네 배로 욕을 먹는다. 일을 잘 하면 이젠 성격이나 외모로 까인다. 예쁘고 일도 잘하고 성격도 싹싹하면? 재수 없단다.

여군, 여군. 그놈의 여군.

여군이 이토록 욕을 먹고 여군끼리도 서로를 경계하는 이유가 뭘까. 도대체 왜 이렇게 여군들에게는 평가가 박할까. 나는 그 가장 큰 이유가 그 조직에서 여군이 소수이기 때문이라고 생각한다. 그렇기 때문에 '여군이 의무복무가 아니며 장교나 부사관으로만 복무가 가능한 지금의 시스템'을 고쳐야 한다고 생각한다.

장교 기준으로 보면, 사관학교에서 10% 정도의 비율로 여자생도를 선발하고 있으며 학사장교의 임관 비율도 마찬가지다. 자연적으로 여군은 이 조직에서 극단적 소수가 된다. 아무리 여대에 ROTC를 만들고 여군 비율을 확대한다고 해도 절대 다수의 남자들은 '선택해서 군대에 오는' 여자들을 환영하지 않는다. 자신들이 지는 희생의 무게와 여군들 나름의 사명감과 국가에 대한 헌신의 무게를 동일하게 취급하지 않는다. 그녀들의 선의를 순수하게 그 자체로 바라봐주지 않는다. 어쨌거나 너희는 직업으로서 군인을 선택한 것뿐이고 그에 상응하는 월급을 받고 있다는 전제가 깔려 있다. 의무이자 동시에 선택인 남자 장교나 부사관에 대한 시선과는 분명 다르다.

때로는 뛰어난 여군 A 그 한 명에 대해서는 존경하고 진심으로 복종할 수도 있다. 예를 들면, 여성헬기조종사 1호인 피우진 예비역 중령 같은 분은 아마 주변에 개인적으로 존경하는 사람들이 많을 것이다. 하지만 어쩐 일인지 훌륭한 여군 A에 대해서는 그 개인으로만 분리하여 판단하면서, 동시에 전체 여군에 대한 불쾌감은 가슴 깊숙하게 품고 간다. 그런 모든 경험들이 사회에 나와서 여성 혐오로 이어지기도 하는 것이다. 군대 내에서는 여군이 남군과 동일하게 희생할 것을 요구하지만, 정작 자신들의 희생이 여군과 동일하게 취급받는 것은 원치 않는다. 그렇게 해야만 군복무에 대한 남성들의 우월의식이 계속 이어질 수 있기 때문이다. 그리고 그 안에서 평가의 경쟁상대로 도마 위에 올려 진 여군들은 서로서로 더 나은 평가를 받기 위해 경쟁적으로 상대를 흠집 낼 수밖에 없다. 여자가 여자를 적으로 만든 게 아니라 군대가, 이 사회가 그렇게 해야만 여자가 살아남을 수 있게끔 만든 것이다.

나는 대한민국의 남성들이 태어나면서 죽을 때까지 그들의 사고를 지배하는 가장 중요한 주제 중 하나가 '군대'라고 생각한다. 시민권이 어쩌고, 사회적 약자가 어쩌고 해봐야 안 들리는 것이다. 귓구멍을 막고 눈을 감고 고개를 흔들며 말한다.

"아아아아아, 난 안 들려, 안 들려. 그래서 뭐? 난 군대 가는데? 넌 안 가잖아!"

그 반대에 서 있는 여성 역시 평생 군대 프레임에서 벗어날 수 없다. 남성만이 징병되는 이 사회에서 남성 개인들에게 아무리 '너희가 강자'라고 해도 그들은 '나는 강자가 아니라고, 역차별을 받고 있다'고 주장한다. 그렇게 우리나라의 모든 페미니즘 논쟁은 깔때기처럼 남성 징병제로 빨려 들어간다. 우리 삶을 휘감고 있는 이 거대한 소용돌이에서 벗어나기 위해, 대한민국 여성들이 강력한 승부수를 던져야 할 때가 왔다.

제4장 여자가 군대에 가야 하는 진짜 이유 세 가지

싸우는 법을 알아야, 지지 않는다

아니 이토록 약자인데 왜 자꾸 군대에 가라고 하냐고? 여성이 약자라고 해서 정말 모든 여성이 훈련을 수행하지 못할 만큼의 약자인가? 장교와 부사관으로 임관한 수많은 여성들을 보면 그게 사실이 아닌 것은 자명하다. 심지어 상위 10% 수준의 높은 군번으로 임관하며 체력적인 부분이나 지성이 필요한 이론, 기술 부분에서도 두각을 나타내는 여성이 꽤 많다. 사관학교 수석이나 우수 졸업생들의 다수가 여학생인 것을 보면 이 사실은 더욱 분명해진다.

그 친구들이 특별히 우수한 거라고? 나도 했다, 나도. 나를 대단한 체력의 소유자로 오해할까봐 하는 말인데, 내가 처음 군대에 가겠다고 밝혔을 때 가족들은 좋아하면서도 걱정을 많이 했다. 사실 내가 그리 체력이 좋지 못하기 때문이다. 사촌동생은 '언니는 밥도 너무 조금 먹고 입이 짧은데 군대에서 살아남을 수 있을까'라고도 말했다. 근데 더 놀라운 사실은 내가 평균 수준이라는 것이다. 장교교육대대에 들어와서 맨 처음 나와 같은 생활관을 사용했던 여

130

군 동기 한 명은 훈련소 입소 당락을 결정짓는 체력검정 하루 전까지 팔굽혀 펴기를 한 번도 하지 못했다. 기적처럼 간신히 체력검정을 통과하고 훈련소 입소에 성공했는데, 결국 우리 중에 훈련 적응을 제일 잘했다. 당연히 높은 성적으로 임관해서 지금도 국가를 위해 헌신하고 있다.

거듭 말하지만 현대전은 기술 싸움이다. 일정 정도의 신체적 훈련만 견뎌낸다면 군 생활을 하거나 실제 전투를 치르는 일이 있더라도 충분히 중요한 역할을 수행할 수 있을 것이다.

그 와중에 일부 사람들은 군대에서 여성의 역할을 '지원병과'에 한정한다. 여성이 군대에 갈 수 있다고 생각하면서도 전투병과는 무리라고 선을 긋는 것이다. 이들은 후방의 지원병과나 간호장교로 또 다시 여성의 역할을 국한한다. 나는 이 또한 반대한다. 물론 해당 병과를 본인이 원치 않을 수는 있다. 혹은 개인은 원하더라도 역량이 부족해서 적합하지 않을 수는 있다. 그렇지만 처음부터 '모든 여자는 안 된다'고 단정 지을 필요는 없다. 앞서 이스라엘 사례에서도 보았듯이, 군대에서도 주류가 되려면 당연히 전투병과에 속해 있어야 한다. 아무리 그래도 군대 아닌가. 군인에게 가장 중요한 능력치는 '전투력'이다. 육군은 그래도 인원이 많아서 비전투병과에도 기회가 조금 열려 있지만, 공군이나 해군은 조종사나 방공포병, 함정 같은 전투병과가 아니면 장군 자리가 거의 전무하다. 인사행정이나 군수, 교육, 정훈, 정보통신 같은 지원병과들은 아무래도 수도 적고 진급에도 제약이 많다.

공군에서는 조종사 중에서도 전투기 출신이 으뜸 취급을 받는다. 내부적으로도 그게 당연하게 여겨진다. 비행 때마다 목숨을 걸어야 하는 그들이 대단하기도 하다. 아무나 원한다고 다 조종사가 되지는 못한다. 엄청난 관문이 기다리고 있다.

조종사가 되는 방법은 현재 세 가지가 있다. 첫째, 공군사관학교 입학. 일부 비조종자원으로 입학한 인원을 제외하고는 대부분의 경우 조종사가 될 자질이 있는 학생들을 처음부터 선발한다. 둘째, 학군(ROTC)장교 후보생 중에 조종특기로 선발되는 것이다. 2017년 기준으로 한국항공대학교, 한서대학교, 한국교통대학교에서만 공군 학군장교후보생을 뽑는다. 마지막으로, 4년제 대학을 다니면서 조종장학생에 지원해서 대학 학자금을 일부 보조받거나 학사장교 지원시 조종병과로 지원하여 입대, 최종 학사장교로 임관하는 방법이 있다. 물론 이들은 모두 임관 이후 '조종' 특기를 받기 위한 추가 관문을 통과해야만 조종사가 될 수 있다.

그런데 그 중 조종사가 되고 싶은 '여자'는 반드시 공군사관학교 출신이어야 한다. 학군이나 학사 조종장교 후보생으로는 여군을 뽑지 않는다. 정확한 이유가 뭔지는 모르겠다. 아마 비용 문제가 아닐까. 조종사후보생 한 명을 1년간 훈련시키는 데에 드는 비용이 어마어마하다는데, 그 돈을 쓰면서도 진짜 빨간 마후라가 되는 사람은 극히 일부다. 국방부 입장에서는 그 힘든 훈련을 모두 소화할 가능성이 적은 여군을 많이 뽑으면 낭비라고 생각하기 때문이 아닐까 조심스레 추측해본다.

그러다보니 군에서 여군의 입지는 또 좁다. 맨날 변방이다. 나는 지금 여성들도 전투력을 쌓아야 한다고 군대에 가자고 하는 건데, 여성을 비주류로 제한하면 되겠는가. 병력의 극대화를 위해 개인 역량을 엄격히 판단하고, 또 적성과 의지, 희망을 기준으로 병과별로 필요한 인원을 선발해야 함은 당연하지만, 그 역량을 판단할 때 '성'을 기준으로 처음부터 진입장벽을 쌓지는 말아야 한다. 여성들 역시 처음부터 지레 겁먹고 전투병과에 도전하기를 꺼려해서는 안 된다.

당신은 비폭력주의자고, 전쟁에 반대하는 평화주의자라고? 힘의 불균형을 이유로 무감각하게 폭력을 행사하는 그들이 잘못된 것이고, 이 세상이 문제 있는 것이라고? 나는 약자이더라도 있는 그대로 인정받는 세상에서 살고 싶다고? 당신 말이 다 맞다. 틀린 건 아무것도 없다. 나는 폭력을 정당화하려는 것이 아니다. 너무 안타깝게도 세상이 쉽게 안 변할 뿐이다. 다시 한 번 말하지만, 당신은 원치 않아도 세상이 당신을 폭행한다. 우리 조상들이 멋지게 유유자적 형이상학적 양반놀음 신선놀음 하는 동안 열심히 군사 키우고 무기를 만들어 온 외세에 무자비하게 당한 것처럼, 당신이 비폭력을 주장하며 훈련하지 않는 사이에 온갖 무기로 무장한 강자들이 당신이 가진 것을 빼앗으려 돌진한다. 나는 이상적인 유토피아가 아니라, 우리가 겪어 온 역사와 지금 닥쳐 있는 현실을 돌아보기를 권한다.

사실 군대는 참 좋은 곳이기도 하다. 인생의 경험이자 배움의 시간과 공간이다.

아니, 내가 뭐 병무청 직원도 아니고 여러분을 유혹하려고 하는 거짓말이 아니다. 한번 들여다보자. 우리 대한민국을 살아가는 평범한 청춘들의 인생이 흘러가는 모양새를. 이 한 몸 입신양명하여 우리 집안 건사하고 부모님 행복하게 해드리며 신랑각시 잘 만나 아이들 낳고 알콩달콩 잘 사는 게 행복이자 목표인 수많은 갑남을녀(甲男乙女)들. 그래서 고3까지 정말 미친듯이 치열하게 공부만 하고, 그렇게 어떻게 대학에 가거나 간신히 취직해서는 또 한 번 잘 살아보겠다고 아등바등 공부하고 돈 모으다보면, 청춘은 무슨 청춘인가. 내가 뭘 하면 좋을지 무엇을 잘하는지 고민해볼 시간조차 주어지지 않는다. '헬조선'이라는 말을 누가 좋아서 쓰나? 젊은이들도 어른들 못지않게 내 나라 사랑하고 선배들 존경하며 살고 싶다. 노력하지 않는다고 욕하지만 노력해서 될 것 같으면 왜 노력을 안 하겠나, 다 소중한 제 인생인데. 하루하루 최선을 다해 사느라 진짜 '행복'이 뭔지 고민해 볼 틈도 없는 게 우리네 청춘들의 삶이다.

나는 이런 우리네 인생에서 군대가 쉼표의 역할을 할 수 있다고 생각한다. 그것도 국가에서 보장해주는 쉼표. 기승전 '군대'라 미안하다. 그래도 관점을 한 번쯤 달리 해보자고 하고 싶다.

군대에서의 2년은, 길고 긴 내 인생을 한번 되돌아보고 또 앞으로 어떻게 살아갈지 청사진을 그려보는 소중한 숨 고름의 시간이 될 수 있다. 정신없이 바쁜 보직을 맡아 세상과는 단절된 군 생활을 하는 사람들도 있겠지만, 대다수의 군인들은 이런저런 생각할 시간을 많이 보장 받는다. 그 시간에 경쟁자들은 취직 공부하고 스펙 쌓는다고? 불안할 수도 있다. 사실 나도 그랬다. 전역하겠다고 실컷 큰소리 쳐놨는데, 나갈 때 내 손에 아무것도 없으면 어떡하지? 전역 전 6개월 정도는 가만히 있다가도 몸이 부들부들 떨리기도 했다. 나와 이야기를 나눴던 병사들의 고민도 비슷했다. 일단 이 컴컴한 군대에서 나가기만 해봐라, 하며 젊음을 즐기겠다는 병사들도 많았지만 미래는 누구에게나 불투명했다. 그런데 한편으로는 내가 그동안 하고 싶다고 생각했던 것들, 내가 남보다 잘 한다고 생각했던 것들을 다시 한 번 냉정하게 돌아보는 기회가 되기도 했다.

나는 원래 기자가 되고 싶었다. 대학 졸업 즈음해서 마음이 바뀌어서 어릴 때 꿈이었던 공군에 지원하기는 했지만, 전역을 결심하고는 다시 기자를 꿈꿨다. 군대 경험을 바탕으로 한 종군기자를 목표로 다시 언론사 입사에 도전하려 했다. 그러다가 시간이 좀 더 흐르고 실제로 전역을 준비하면서 그간 잘 보이지 않던 것이 눈에 들어오기 시작했다. 우선 거칠고 힘든 기자 생활이 내 이상과 많이 다르고 성격과도 맞지 않겠다는 판단이 섰다. 기자가 되려면 아무래도 준비 기간이 더 필요하고, 불안한 백수 생활을 견뎌야 한다는 점도 걸림돌이었다. 결국 고민 끝에 일반 기업 홍보부서에 지원했고 가까스로 입사했다. 지금은 홍보 관련 업무는 하고 있지 않지만, 내 결정에 후회하지는 않는다. 나는 현재의 삶이 나름대로 만족스럽고, 어쩌면 당초 꿈대로 기자가 된 것보다 지금이 더 행복할 수도 있다는 생각을 한다.

우리 기대수명이 조만간 세 자리 수가 될 것이다. 100살도 넘는다. 더 멀리 뛰고 더 높이 날기 위한 마음의 준비 기간으로 2년은 그리 낭비가 아니다. 그럼 또 따지겠지. 제일 중요한 시기 2년을 놓쳐서 그 길고 긴 인생 잘못 꼬이면 누가 책임지느냐고. 너는 특이 케이스로 잘 풀린 것 아니냐고. 지금 인문계 학생들 회사 입사가 얼마나 어려운 지 알기나 하냐고.

왜 모르겠나. 주변 회사에 입사하는 신입사원들 비율만 봐도 인문계, 사무계는 10~20% 정도밖에 되지 않는 것 같다. 그나마 내가 거의 막차를 탄, 정말 운수 좋은 경우가 아닐까 안도의 한숨을 내쉴 정도다.

얼마 전 내가 속한 부서에서 급하게 비정규 임시직 직원을 한 명 뽑아야 할 일이 있었다. 구인 공고를 내고 며칠이 지나지도 않았는데 지원자 수가 90명이 넘었다. 처음에는 7개월을 기한으로 공고를 냈는데, 갑자기 3개월만 반짝 고용할 수밖에 없는 사정이 생겼다.

사실 잠깐 일할 임시직 사원을 뽑는 기준은 그리 엄격할 것이 없다. 복잡하지 않은 행정업무를 수행하게 되기 때문에 기대하는 역량도 제한적이다. 차고 넘치는 지원자들 중에서 적합한 사람을 골라내는 것조차 스트레스가 됐다. 물론 그 와중에도 경력은 좀 있는지, 자격증은 있는지 실컷 따져봤다. 그리고 그리 많지 않은 월급으로 겨우 3개월만 일해도 괜찮다는 지원자 한 명과 함께 일하게 됐다.

시간이 흐른 뒤 그 친구에게 조심스럽게 물었다. "고용 조건이 많이 안 좋았는데도 일하기로 결정한 이유가 혹시 특별히 있어요?" 그러자 그녀가 답했다. "기간이 짧은 게 많이 아쉽긴 했는데, 그래도 이때 아니면 제가 언제 대기업에서 일해 보겠어요?"

나는 많이 부끄러웠다. 단기 프로젝트여서 그녀의 업무 강도는 페어로 함께 일하는 나와 비교했을 때 대단히 큰 차이가 있는 것도 아니었다. 내가 프로젝트 매니저니까 기획, 보고와 같은 책임 있고 중요한 일을 진행한다손 치더라도 그녀 역시 업무시간에는 온종일 바쁘게 움직여야만 했다. 그러나 그녀와 나 사이에는 고용 안정성과 소득에 있어서 큰 차이가 있었다. 그것이 과연 그녀는 노력하지 않고 나는 노력을 훨씬 더 많이 했기 때문일까? 설령 학창시절 내가 그녀보다 조금 더 공부를 잘했을지언정, 고작 10대 때의 그 성적이 지금 우리의 차이를 당연하게 받아들여야 할 만큼의 자격이 있다고 하는 것은 너무 오만한 생각 같다. 나는 이것을 '운'이라고 표현할 수밖에 없다. 어디에서부터인지 알 수도 없는 우리 인생의 어느 시점에, 그저 조금 다른 운이 작용했는데 그것이 나비효과가 되어 지금 너무 다른 삶을 살게 만들었다고 말할 수밖에 없다.

내가 더 부끄럽고 속상한 이유가 있다. 사실은 혹시라도 내 밥그릇 빼앗길까봐 쉬쉬하고 사는 내 모습. 이런 부조리한 사회에 '바꾸자!'고 큰 소리로 항의하지 못하고 조용히 마음으로만 미안해할 뿐인 내 모습이 어떤지 너무 잘 보이기 때문이다.

안타까운 현실이고 바꾸어야 할 시스템이 한두 개가 아니다. 그러나 그것은 그것대로 우리의 정치를 통해 고쳐나가되, 우리는 우리가 할 수 있는 것들을 해나가야 한다. 그래야 더 정체되지 않는다. 힘들고 어려우니까 세상이 바뀔 때까지 주저앉아 있다 해서 더 좋아지는 것도 아니지 않나. 이렇게 말하니까 또 되게 보수주의자 같고, '노오력'이나 강조하는 꼰대처럼 보일 것 같다.

나는 우리네 인생이나 우리 사회가 내가 가진 신념 단 한 가지만 가지고 움직여지지는 않는다고 생각한다. 그래서 서두부터 언급했다. 보수와 진보 두 가지의 복합적인 관점에서 문제를 짚어보고 해결책을 찾아보자고.

당연히 군대에서의 시간이 조금의 손해를 가져올 수는 있다. 하지만 80년대처럼 민주화운동 하다말고 감옥 가는 대신 어느 날 갑자기 징집되던 시기는 지났다. 군대도 충분히 계획적으로 준비하고 입대할 수 있다. 게다가 아무리 군가산점제가 없어졌다고는 해도 아직도 회사나 여러 조직들은 군필자를 선호하는 것이 현실이기도 하다. 잘못된 것을 알면서도 쉽사리 바뀌지 않는다. 그게 지금의 여성들에게 또 하나의 보이지 않는 장벽이다. 어쩌면 여성 징병제를 통해서 대다수의 여성들이 지금껏 암암리에 (또는 대놓고) 받아왔던 차별적 요소들이 자연스럽게 사라질 수도 있지 않을까? 여성들의 바람대로 자연스럽게 사라지지 않는다면, 이제 그 차별 철폐해달라고, 우리도 군대 갔다 왔다고 자신 있게 큰 목소리를 낼 수 있는 명분을 얻게 될 것이다.

자, 군대의 긍정적인 부분을 돌아보고 있다. 다소 억지스럽게 느껴질 수도 있지만 나름의 경험을 통해 깨달은 사실들을 적고 있는 것이다. 군대에서는 배우는 것도 많다. 진짜다. 부모의 품을 떠나 힘든 환경에서 지내면서 가정의 소중함을 배운다. 어른들이 '군대나 갔다 와야 사람 된다'는 말을 했던 것은 이런 의미도 있다. 단어 하나, 사진 한 장으로 간단히 소통하는 시대인 요즘, 군대가 아니면 일평생 손 편지 한번 써볼 일이 없다. 요새는 휴대폰을 쓰게 하는 부대도 있는지 모르겠지만, 대부분의 경우 스마트 기기로부터 벗어나고 아날로그로 돌아가 천천히 생각하고 움직이는 경험도 하게 된다.

심지어 자유가 얼마나 소중한 것인지도 깨닫게 된다. 새로운 종류의 사람들을 만나 대화하며 새로운 세계와 인연을 맺는다. 규칙적인 생활로 몸도 건강해지고, 원하면 마음껏 운동도 할 수 있다. 마음만 먹으면 다양한 종류의 책을 읽을 기회가 주어진다. 너무 교과서적이네. 이렇게 쓰고 있는 나도 미안하다. 그렇지만 늦은 밤 화장실에 쭈그려 앉아 전투복에 명찰 박는 바느질을 하며, 가족으로부터 온 편지를 받아들고 흐느꼈던 밤⋯ 그 때의 기억이 나에게는 굉장히 소중했기에, 군대에서 적어도 깊이 있게 사색하고 고민을 할 수 있다는 것만큼은 자신있게 말할 수 있다.

그래도 싫은가?

아유, 그래. 군대 가서 편하고 좋을 것 같으면 내가 무엇 하러 이렇게 군대 가자고 설득하겠나. 당연히 민간인 시절처럼 자유롭고 행복할 수는 없다. 그렇지만 우리 여성들에게 군대의 경험은 앞으로의 생존에 큰 도움이 될 것이다. 무엇보다도 여성은 군대에서 '싸우는 법'을 배울 수 있다.

여러 번 말하지만, 세상은 그리 녹록치 않다. 언제나 평화롭거나 따사롭지는 않다. 약자는 보호받기보다는 공격당한다. 이런 세상이 옳고 그르다고 판단하기 이전에, 세상이 그렇게 돌아간다는 것을 인정하는 게 중요하다. 강자만 살아남는 이 나쁜 세상, 바꾸고 싶은가? 그럼 그 기득권에 저항하려고 해도 힘이 필요하다. 힘. 그것이 꼭 폭력적이지는 않더라도 이래저래 타인을 설득하고 굴복시키고 내가 원하는 방향으로 바꿀 힘은 반드시 필요하다.

그런데 대다수의 여성은 특정 대상을 '적'을 설정하고 싸우는 것에 익숙하지 않다. 나도 내 자식 낳으면 세상 아름다운 것만 보고

들게 해주고 싶다. 당장 공주놀이에 빠져 있는 조카들의 반짝이는 눈망울을 보면, 내가 왕국을 세워서라도 평생 공주로 믿고 살게 해주고 싶다. 왜 안 그렇겠나. 그렇지만 세상에는 무섭고 더러운 모든 것이 공존한다. 우리의 예쁜 어린이들도 언젠가 그러한 현실을 만나게 될 것이다. 아름다움에만 도취되어 살고 있다가 막상 무서운 그들과 마주했을 때 대항하는 법을 모른다면, 아름다운 세상도 거기에서 끝이다. 그렇기 때문에 적을 정의하고 그를 파괴하는 훈련을 해 보는 것은 매우 중요한 경험이다.

아니, 절대 매사에 전투적으로 싸우고 덤비라는 얘기가 아니다. 맨날 싸우자 하는 의도로 오해하면 안 된다. 물론 내 안에 내재되어 있던 폭력성을 마주하는 경험은 놀랍고 충격적일 수도 있다. 그리고 그 경험이 내 남은 인생에 어느 정도 영향을 미칠 가능성도 배제하지 못한다. 나는 오히려 그러라고, 내 안의 전투본능을 일깨우라고 군대에 가자고 하는 사람이다. 하지만 전투하는 법을 배웠다고 해서 한 순간에 내 성향이 다 변하지는 않는다. 군대만 다녀오면 사냥을 즐기는 전사가 되고 우락부락한 남자처럼 변할 것 같은가? 그런 걱정일랑 하지 않아도 된다. 이미 성인이 되어 겪는 2~3년의 시간이 내 인격과 가치관을 송두리째 바꾸리라 믿는 것은 지나친 기대다.

하지만 싸우는 법, 이기는 법을 아는 것과 모르는 것은 정말 천지차이다. 하다못해 불이 난다거나 북한이 진짜 화학무기 독가스를 사용한다면 방독면 쓰는 법은 알아야 할 것 아닌가. 아무리 사랑하는 사람이어도 내 방독면을 먼저 써야 네 방독면을 씌워줄 수 있다. (그게 항공기 비상탈출 매뉴얼에도 적혀 있는 올바른 순서다.) 내가 더 이상 누군가의 보호 아래에 놓여있지 않고, 내 목숨 내가 지키는 법 배울 수 있다는데, 그 얼마나 좋은가?

나는 군대에 있을 때 다른 건 몰라도, 사격에는 욕심이 있었다. 부대 장병들은 1년에 몇 번씩 사격 훈련을 실시한다. 그 중 잘하는 사람은 특등사수, 일등사수라 이름 붙여지고 과락을 한 낙오자는 재사격을 하는 수모를 겪는다. 공군 장교는 권총 사격을 한다. 임관 전 장교교육대대에서는 M16A1이라는 긴 소총과 권총 사격, 방독면 사격을 전부 배운다. 소총으로는 처음부터 스무 발 중 열여덟 발을 적중시켜서 스스로 사격 천재인 줄 알고 신났었는데, 권총은 어려웠다. 총열이 짧아서 조준이 어려운데다가 발사 반동은 심해서 몸이 심하게 뒤로 밀리기 때문이다. 특히 초급 장교에게 주어지는 CAL45 같은 옛날 권총은, 총알 한발 쏘고 나면 몸이 한발 뒤로 밀려나서 옆 사로 선배들이 깜짝 놀랄 정도였다. 중위가 되고나서 드디어 감격스럽게 K5 권총을 받았는데, 여전히 사격 결과가 좋지 않았다.

텅 빈 과녁지를 들고 속상해 하는 나와 내 동기를 바라보던 할아버지 중령 선배가 우리 둘을 붙잡고 특훈을 시켜주었다. 사격은 집중력과 호흡이 중요하다. 물론 총을 들고 반동을 버텨내는 악력과 팔 근육도 필요하지만, 발사 순간 호흡을 멈추는 것이 가장 중요한 포인트다. 그 레슨을 받고 몇 번 연습을 더 하니까 급속도로 기량이 발전하는 게 눈에 보였다. 점점 사격에 재능을 보여 나중에는 MOPP 4단계 장비를 다 착용하고도 과녁 정중앙을 뚫었고, 당당히 일등사수로 전역할 수 있었다.

사격 얘기를 하다 보니 내가 지금 약간 흥분한 것 같은데, 티 나나? 사실 지금도 가끔 외부 사격장에 가서 사람들 앞에서 실력을 뽐내기도 한다. 나는 지금이라도 전쟁이 나서 소집이 된다면 공군 기지방어에서 한 사람의 군인 몫은 해낼 수 있을 것이라 자부한다.

한 가지 덧붙이자면, 안타깝게도 나는 퇴역이라서 전시에 예비 군으로 소집이 될 일은 없다. 군인의 전역(轉役)이란 지금까지 복무하던 '역종'에서 다른 종으로 바꾼다는 뜻인데, 보통 '군대에서 전역했다'는 이야기는 현역에서 예비역이나 퇴역으로 바뀌었다는 것을 말한다. 남군들은 간부로 20년 이상 복무했거나, 연령 정년에 달했거나, 다쳐서 전역하는 경우를 제외하고는 모두 예비역이 되어 예비군 훈련을 받는다. 여군은 예비역이 되겠다고 특별히 선택하지 않으면 자동적으로 퇴역 처리가 된다. 나는 전역 신고할 때 분명히 예비역 하겠다고 신청했던 것 같은데 나중에 퇴역으로 전역 명령이 난 것을 보고 '공군이 나를 많이도 싫어하는구나' 속상했던 기억이 떠오른다. 부디 내 착각이었기를 바란다.

군대에 간다는 것은 국가를 지키기 위해 국가 구성원 개인이 헌신하는 것이기도 하지만, 그 개인이 스스로를 지키기 위한 교육 훈련의 의미도 있다. 내가 좋아했던 사격을 비롯해, 총검술, 화생방 등 전투에 필요한 각종 기술을 배우고 다양한 상황을 모의 실험해 봄으로써 혹시 모를 위기 상황에서 스스로를 지킬 수 있게 된다면, 이 어찌 모두에게 좋은 일 아니겠는가.

길을 걷다 바바리맨을 만났을 때 소리지르며 주저앉지 않고 화를 내며 돌덩이를 찾아 던질 수 있는 것. 어두운 밤 수상쩍게 나를 따라오는 낯선 남자를 피해 은폐엄폐를 하고 낮은 포복으로 빠져나올 수 있는 것. 무작정 시비거는 덩치 큰 아저씨에 큰소리로 따질 수 있는 패기가 생긴다는 것. 생각만 해도 짜릿하지 않나?

그리고 그 무엇보다도 중요한 것은 여성에 대한 인식의 변화이다. '모든 여성이 군대에 가고, 싸우는 법을 안다'는 것을 인지하게 된다면, 장담컨대 여자만 보면 '쟤는 나보다 약하지'라며 우습게 생각하고 함부로 덤비는 범죄자도 분명 줄어들 것이다. 여성들이 혼자 일하는 사업장에 들어와 위협하는 사람들, 여자만 보면 한번 안아보려고 덤비는 사람들에게 여성이 더 이상 약하지 않다는 것을 알려주는 것이다. 이렇게 저항할 수 있다는 용기와 자신감. 그것은 군대에서의 경험과 훈련에서 얻을 수 있다.

우리는 연대하고 단결하고 투쟁해야 한다

아무리 생각해도 세상은 따뜻하고 서로가 서로를 위로해 주는 아름다운 곳인가? 좋다. 그럴 수 있다. 자상한 아버지와 어머니 아래서 사랑 받고 자라서 하기 싫은 것은 안 해도 되고, 학교에서도 하고 싶은 것만 하고 하기 싫은 것은 전혀 하지 않으며 행복하게 자라고, 아버지처럼 또 좋은 남자가 나를 선택하고 사랑하여 그와 결혼하여 아이를 낳고 기르면서 또 행복을 느끼고 살고 있다면, 여태껏 내가 한 이야기가 정말 이해도 안 되고, 예민덩어리 여자애가 세상 모든 것에 불만 갖고 떠드는 소리로 들릴 수 있다.

솔직히 말하면 나는 이 땅에 살아가는 그 어떤 여성도 단지 여성이기 때문에 겪어야 했던 불편한 상황에서 자유롭지 못하다고 생각한다. 아마 크든 작든 다들 한 번쯤은 성희롱이나 폭력적인 경험을 해보았을 것이다. 내가 30년 정도 살면서 겪은 일만 도대체 몇 가지인가. 그럼에도 불구하고 어떤 여성은 정말 한 번도 여성으로서 차별을 느낀 적이 없거나 몇 가지 불편함은 있더라도 지금 이대로의 삶이 행복할 수 있다. 비꼬는 게 아니라 정말 그럴 수 있다. 내가 방금 말한 그 이상적인 여성의 삶. 그게 우리가 지금까지 여자라면 누구나 꿈꾸는 인생이라고 '주입식으로 배워왔던 것' 아닌가. 내게는 그런 인생을 살며 만족하고 행복해하는 사람에게 '그것은 여성으로서 주체적인 삶이 아니니 잘못된 것이다'라고 말할 자격도, 권리도 없다.

다만 한 가지, 그렇게 여성의 삶을 '가정'으로 국한해왔던 가부장제 내에서 여성들이 여성끼리 연대하고 단결하고 투쟁할 기회를 갖지 못했다는 점은 지적하고 싶다.

내가 태어난 80년대나 그 이전 대다수 여성의 '연대'란 옆집 똘이네 엄마랑 반찬 나눠먹고 빨래하고, 남자들 일 나간 사이 고스톱 치고 낮술도 곁들이면서 아이들 이야기하는 것이었다. 여성들의 사회 진출이 당연해진 요즘은 어떤가. 회사에 다니거나 경제 활동을 따로 하지 않는 주부들의 커뮤니티는 주로 아이들을 중심으로 이루어진다. 산후조리원 친구들을 필두로, 내 아이가 다니는 학교 같은 반 친구의 엄마들과 어울려 정보를 주고받고 어떻게 하면 우리 애가 더 공부를 잘 할 수 있을지 고민한다. 그들의 관계는 얼마나 돈독할까?

공군에는 '관사 아줌마'가 있다. 관사는 간부들에게 주는 아파트 등의 숙소다. 관사 아줌마는 관사에 사는 남자 장교들의 부인을 일컫는 말이다. 그들 사이의 군기는 남편들 못지않다. 특히 조종사 아줌마들의 서열은 남달랐다. 남편의 계급이 무엇이냐에 따라서 관사 아줌마들의 서열도 자연스레 세워진다. 장군님 부인의 양 옆에는 곧 진급을 앞둔 대령님 또는 중령님 부인들이 보좌진처럼 동석한다. 장군님 부인이 남편에게 자기 남편에 대해 한 마디라도 좋은 말을 해줄 수 있도록 최선을 다한다. 그것이 실제 진급에 얼마나 영향을 미치는지까지는 알 수 없지만, 인간이란 주어진 조건에서 최선을 다하고 싶은 법이니까.

그 중 대령 한 명이 짠, 드디어 별을 달았다. 장군이 된 것이다. 공군은 육군보다 수가 많이 적어서 장군의 티오(TO)도 굉장히 제한적이라, 장군 진급의 상징성과 의미도 매우 크다. 조종사가 준장(별 한 개)이 되면 본인이 타는 전투기 비행단의 단장으로 보임하는 것이 보통 수순이다. 내가 있던 부대에서 장군으로 진급한 분이 저 멀리 대구 비행단 단장으로 발령이 났다. 당연히 관사 아줌마도 같이 이사를 갔다. 며칠 뒤 단장 취임식에 우리 부대의 몇몇 장교들과 그 가족이 초대됐다. 그럼 나 같은 어린 여자 장교가 사모님들을 인솔한다. 원거리 부대에서 열리는 취임식에 늦지 않게 도착하려면 새벽부터 움직여야 한다. 미니버스에 선탑해 관사로 향한다. 관사 아줌마 몇 명이 아파트 단지 앞에 서 있다. 명단을 확인하고 버스에 모신다. 가만 보니 아줌마 중 몇 명은 초대받지 못한 소령 아줌마였다. 근데 이 새벽부터 뭐하나 싶어 봤더니, 도시락을 들고 서 있다. 대령, 중령 아줌마들 내려가시는 길에 드시라고 준비한 간식과 과

일이다. 정성이 대단하다. 옳다 그르다는 가치 판단에 앞서, 그들의 엄격한 상하관계가 새삼 놀랍다. 그리고 궁금해진다. 그들은 과연 자신의 남편들처럼 강한 연대의식을 갖고 있을까?

학부모 모임이나 관사 아줌마들 행동의 공통점은 그 행동의 목표가 가족을 향해 있다는 것에 있다. 정확히 말하면 다른 가족 구성원의 발전을 위한 것이다. 남편들도 가족을 위해 돈을 벌고 노력하고, 자식들도 부모의 기대에 부응하려 공부하기도 하지만 궁극적으로 그들 행위의 성과는 본인 자신에게 귀속된다. 진급을 해도 본인이 하는 것이고, 대학을 잘 가도 본인이 가는 것이다. 그러나 아줌마들의 행동은 정말 순수하게 가족만을 위한 것이다. 그런 그들의 모임에서 연대, 단결 같은 단어를 찾아볼 수 있을까? 내 가족에게 해를 끼친다고 판단이 되는 순간, 뒤도 돌아보지 않고 잘라버리지 않을까? 여자들의 우정이, 여자들의 인간관계가 얄팍하다고 여겨지는 이유가 바로 이런 환경 때문은 아닌지 곰곰이 생각해 볼 필요가 있다.

그럼 회사 생활이나 경제 활동을 하는 여자들의 관계는 어떨까. 조직에서는 누군가의 아내나 엄마보다는 자기 자신으로 살게 되니까 충분히 주체적일까? 그러면 좋겠지만 현실은 역시 내 마음 같지 않다.

친구 A가 입사해서 처음 부서에 발령받았을 때의 일이다. 이곳

148

저곳 회식에 불려다니는 중에, 어떤 분과 잊지 못할 술자리를 하게 됐다. 처음 만난 신입사원인 A에게 그는 대뜸 이렇게 말했다.

"내가 너희 부서 부장이었으면 너 안 받았어."

A가 무슨 죄가 있다고 그런 얘기를 들었을까. A가 대꾸도 못하고 눈만 끔뻑거리자 그가 덧붙였다.

"여직원들 받아놓으면 좀 있으면 육아휴직 가고, 또 애 낳는다고 들어가고 그러는데 아주 짜증나. 난 다신 여직원들 안 받아."

법으로 정해 놓은 것을 불만이랍시고 이제 막 부푼 꿈 안고 사회에 첫발 내딛은 신입사원에게 윽박지르듯 이야기하는 것도 문제였지만, 사실 내가 주목한 건 그때 가졌던 A의 생각이었다. 선배의 태도에 화가 나면서도 동시에 A는 살아남을 방법을 떠올렸다.

'아, 저 분이 데리고 있던 여직원들이 다 그렇게 육아휴직 갔으면 싫어할 만하네. 나 같아도 별로겠네. 그 여직원들이 무책임했네. 나는 그러지 말아야겠다. 그래서 나는 더 인정받아야겠다.'

A는 그런 생각도 했다. '나는 그런 저평가를 받는 여자들과 다른, 책임감 있는 여자야. 그런 여자들이 나처럼 열심히 하는 여직원들까지 싸잡아서 욕먹게 해서 억울해'라는 생각 말이다.

정확히 말하면 그 여직원들이 무슨 죄를 지은 것은 아니다. 아이를 낳고 기르는 것 역시 개인의 삶에서 아주 중요한 영역이고 국가 보존을 위해서도 반드시 필요한 일이다. 때문에 국가에서도 출산, 육아 기간을 보장해주는 법까지 만든 건데, 그것까지 잘못했다고 매도하고, 조직에 폐 끼치는 일이라고 화내는 건 여자들더러 다시 집안 구석으로 들어가서 애나 보는 시대로 돌아가라는 얘기밖에 안 되지 않나.

B의 경우는 반대다. 본인은 그럭저럭 주어진 일 열심히 하고 있는데 늘 그보다 좀 더 잘하는 A와 비교 당한다. B의 업무 강도는 옆 팀 남자 직원 C, D와 비슷하다. 그런데 유독 A가 B, C, D보다 많은 일을 잘 해낸다. 그럴 때 선배들이 말한다.

"야, A는 여잔데도 남자 못지않게(실제로는 A가 C, D보다 더 잘하지만) 몸 사리지 않고 열심히 하잖아."

B는 점점 A가 싫어진다. '쟤는 적당히 하지 왜 유난을 떨어서 여러 사람 힘들게 만들어?'라는 생각을 하며 A와 멀어진다.

회사 내에서 성추행의 피해자가 생겨나면 겉으로는 가해 남성을 징계한다. 하지만 자기들끼리 모여서는 '이제 여직원들 무서워서 말도 못 걸겠다'고 흉을 본다. 피해 여직원이 '회피의 대상'이 된다. 이게 다 여자는 집구석에 있어야 하는데 남자들 일하는 곳에 와서 방해하기 때문에 생긴 일인가보다. 헛웃음이 나온다.

그러나 그냥 허허 웃고 넘기기엔 이 모든 상황들이 나에게, 여성에게 미치는 영향이 너무나 크다. 여러 가지 여성성을 이유로 회사와 조직에서 여전히 여자들은 중요한 직무를 맡기에 제약을 받고, 저평가를 받고, 승진에서 누락되고 있다. 위에 예시로 들었던 A와

B처럼, 여성을 여성끼리 경쟁하게 하고 '쟤는 여자치곤 일 잘해'라고 평가하는 곳에서 여성들이 서로를 동료로 인식하고 연대하기란 거의 불가능하다.

워킹맘들은 더 심하다. 퇴근하면 동시에 집으로 다시 출근해야 하는 그들에게 회식이나 사내 정치는 사치일 뿐이다. 그들이 일을 안 하나? 그들이 일을 엉망으로 못하나? 하지만 회사는 언제나 플러스알파를 찾고, 그것을 채울 수 없는 사람들은 변방으로 몰린다.

결국 그 중 나은 여자 한 명을 위해 남겨 놓은, 그 극소수의 자리를 위해 쟁탈하는 여자들 사이에 남은 것은 비정상적인 경쟁뿐이다. 내가 앞서 여군들끼리 서로 경쟁하며 '여적여'가 만들어졌다고 언급한 것과 비슷한 맥락이다. 여자들이 서로 연대하지 못하는 결정적 이유는 이런 조직 문화와 시스템이다. 모든 여자들의 DNA에 시기 질투가 많아서가 아니란 말이다.

그럼 여자들은 정녕 서로를 동지로 여기고 연대하며 함께 성장할 수 없는 것일까. 그것은 남자들이 어떻게 그런 유대감을 가지는 것일까 생각해보면 답이 나온다. 우리 사회에서 학연, 지연, 혈연만큼 강한 동질감을 형성해주는 또 하나의 연결고리. 군대.

새로 온 신입사원이 나랑 같은 부대에서 복무했다고 하면 눈빛부터 달라진다. 요새는 그런 것으로 너무 티내면 아마추어 같아서 자제하는 것처럼 보이지만 반가움을 숨길 수 없는 것이 어쩌면 인지상정 같기도 하다. 나라고 다를까. 쿨한 척, 냉정한 척 하지만 아무래도 누가 공군 출신이라 하면 눈길이 한 번 더 가는 나 자신을 부인할 수 없다. 슬쩍 어디에서 복무했는지, 누구누구 대위 아는 지부터 이야기를 풀어가기도 한다. 그렇게 한 마디라도 더 주고받으며 가까워지면 다음 업무가 수월해지는 것은 두말하면 입 아프다. 바뀌어야 하는 관행이지만, 인간이 사회적 존재이기에 어쩌면 당연한 현실이기도 하다. 그런데 사실 이건 별게 아니다.

군대를 통한 연대의식은 학연, 지연처럼 제대 후 인연의 끈을 찾는 것이라기보다는, 군대에서 훈련을 받거나 내무생활을 하면서 자연스럽게 몸에 배게 되는 것이다. 다 죽을 것 같은 훈련을 함께 받은 동기들에게는 이 죽을 고생을 함께 한 사람이라는 아주 단단한 신뢰 딱지가 붙여지게 된다. 전문용어로 '전우애'라고 한다.

입대가 확정되기 직전, 일 주일 동안 우리는 신체검사, 체력검정 등을 통해 걸러진다. 이미 그때부터 우리는 가까워질 수밖에 없는 절차를 거친다.

가장 좋은 예시는 '항문 검사'일 것이다. 꿈인 줄 알았다. 우리를 한 방에 몰아넣고 속옷만 남기고 다 벗으라고 했을 때, 그 때 그 충격과 공포. 아직 서로를 잘 알지 못하는 우리는 쭈뼛쭈뼛 방에 들어가 옷을 벗고 알 수 없는 미래를 기다리고 있었다. 그러자 어떤 여자 한 명이 들어와서 우리를 줄 세우고 허리를 숙이게 한다. 그리고 팬티를 살짝 내려 항문을 들여다봤다. 내 기억이 크게 왜곡되지 않았다면, 이것은 사실이다. 나는 그때 내 항문을 보던 여자를 불쌍하게 생각했던 것도 같다. 이렇게 사람들 엉덩이를 보는 직업이 썩 유쾌할 것 같지는 않았으므로. 내가 가(假)입단 기간에 수첩에 썼던 일기를 나중에 훑어보니 그 때의 순수했던 내 마음이 담겨 있었다. '세트로 속옷을 입어서 다행이었다'는 소회. 나름대로 맞춰 입은 속옷을 통해 동기들 사이에서 주눅 들지 않을 수 있었음을 시사한다. 그런데 모순적이게도 그런 경험을 한번 하고 나면 구성원들의 관계는 급속도로 발전한다. 더 이상 숨길 게 없어진 것이다. 그때의 그 수치스러움은 우리를 기죽여 군대라는 조직과 계급에 순응하게 만드는 효과도 있었겠지만, 함께 이 '어려움'을 견뎠다는 모종의 연대감을 심어주는 결정적인 역할을 했다.

이렇듯 약 4개월을 훈련받으면서, 나와 내 47명의 여군 동기들은 남군 동기들과는 별개로 또 다른 전우애가 형성될 수밖에 없었다. 일단 우리는 5층짜리 건물 4층에서 함께 생활했다. 1개 호실을 4명이 사용했으며, 화장실과 목욕탕은 공용이었다. 여군을 4층으로 배정한 이유는 추측컨대, 남군들이 1~3층에 살면 굳이 4층 복도를 지나갈 일조차 없기 때문에 혹시라도 있을지 모를 불상사를 대비한 것 같다. 여군이 1층을 썼더라면 오가면서 여군의 생활관을 들여다보게 될 일이 생길 수도 있지 않겠나. 물론 그 덕분에 우리는 똑같이 주어진 시간에 3개 층을 더 많이 오르락내리락 해야 했기 때문에 괴로움은 3배 더 했다.

예를 들면 침대 매트리스 일광소독을 위해서는 개인 매트리스를 모두 꺼내서 생활관 건물 앞 공터에 늘어놔야 하는데 4층에서부터 무거운 매트리스를 메고 오르내리는 것은 허리 부담의 상당한 가중이다. 이 정도는 애교다. 한밤중에 '비상'이 터지면 불도 켜지 못하고 칠흑 같은 어둠 속에서 완전군장을 준비해서 집결해야 하는데 그때도 4층에서 내려오는 건 1층보다는 훨씬 힘들다. 훈련이 거듭될수록 우리의 체력은 바닥을 치게 됐고, 서로 아주 작은 도움이라도 주고받지 않으면 살아남기가 쉽지 않았다.

3kg이 넘는 소총 M16A1을 들고 '목표 정면의 적, 엎드려 쏴!'를 무한 반복했던 첫날. 하늘 높이 점프했다가 엎드린 자세로 바닥에 떨어지며 왼손은 총을 받치고 오른손은 방아쇠를 당길 준비, 그리고 오른 어깨에 개머리판(총구의 반대부분)을 붙이고 사격자세를 멋지게 취해야 하는데, 점프했다가 떨어지면서 엎드린 자세를 취한다는 게 맨몸으로도 어렵다. 고운 흙이 쌓여 있던 전천후 훈련장 바닥에서 무거운 총을 들고 수백 번을 넘어지며 굴렀던 그날, 아픈 다리를 절뚝거리며 목욕탕에 들어갔는데 웃음과 눈물이 동시에 터져나왔다. 나보다 더 심하게 온 무릎에 시커먼 멍이 들어 있는 동기의 다리를 보고, 눈물 삼키며 샤워하고 있는 동기들을 보고 나는 알 수 없는 위안과 감동을 받았던 것이다. '아, 너도 나만큼 힘들구나.'

유격 훈련 때는 더 심했다. 사실 헌병을 제외한 대다수의 공군

154

장교는 임관 전 훈련 이후에는 유격 훈련을 정기적으로 받을 일이 없다. 그래서인지 훈련 교관들이 우리에게 유격의 매운맛을 보여주고 싶었던 것 같다. 우리 소대를 맡았던 훈육관은 비 오는 날, 우리가 추위에 온 몸을 부들부들 떠는데도 유격체조를 미친 듯이 시키더니 쉬지 않고 '줄잡고 물웅덩이 건너기'를 지시했다. 한 번에 못 건너고 물웅덩이에 빠지면 그 자리에서 앞으로 취침, 뒤로 취침을 시키는데 그럼 그 흙탕물을 다 먹게 된다. 남군 여군 너나할 것 없이 물에 빠져 허우적대는데 드디어 내 차례 앞으로 두어 명이 남았다. 한 살 많던 여군 동기가 내 눈 앞에서 '으악' 소리와 함께 힘차게 발돋움하며 줄에 매달렸는데 팔 근육이 부족해 금세 스르륵 떨어졌다. 하필 떨어졌던 그 자리가 나무판자에 박힌 못이 튀어 나와 있는 곳이었고 동기는 눈썹 윗부분이 찢어져 곧바로 병원으로 실려 갔다. 그 모습을 본 내 손에 힘이 잘도 들어가겠다. 결국 벌벌 떨다가 물에 풍덩 빠져서는 비까지 맞으며 정말 쥐보다 못한 꼴로 서 있어야 했다. 그렇게 목숨을 건 유격 훈련을 마치고 나니 바로 이어서 '전투모 빼앗기' 기마전을 시켰다. CIA에 버금가는 대단한 훈련 조직이다. 그런데 또 우리가 또 지는 건 싫어하잖나? 시키면 또 악을 쓰고 한다. 우리 소대는 어떻게든 이 기마전에서 이기려고 갖은 수를 다 썼다. 나는 우리 소대 기수로 출전, 마지막까지 살아남아 옆 소대와 치열하게 싸우다가 무승부로 경기를 마쳤다. 만약 수치와 그래프로 책정할 수 있다면, 그날 역시 우리들의 '연대감'은 한 계단 상승했을 것이다.

　훈련 때 힘들었던 얘기들을 늘어놓으니 나는 막 감회가 새롭고 갑자기 동기들이 보고 싶고 그런데, 이 글을 읽고 있는 사람은 지금 하품날 거다. 군대 얘기가 그렇다. 같이 겪어 보지 않은 사람은 모른다. 그래서 우리는 아직도 가끔 모이면 훈련 때 이야기로 밤을 새운다. 누가 그때 더 찌질했고, 훈련을 잘 못 받고, 많이 울었는지 회상하며 놀린다. 그러면서 지금 겪고 있는 서로의 어려움을 위로한다. 우리끼리가 아니면 아무도 이해해주지 못하기 때문이다. 사실 그때는 매일 뛰쳐나가고 싶을 만큼 힘들었고, 다시는 경남 진주 방향으로 소변도 안 보겠다 생각했었지만 지나고 나면 또 이때만큼 내 스스로와 주변 동료들에게 최선을 다한 적이 없다. 장교교육대대에서의 훈련 경험은 내 인생에서 두고두고 피가 되고 살이 되는 소중한 추억이라고 믿어 의심치 않는다.

　이처럼 여성도 군대의 경험을 통해 충분히 동지애, 전우애를 쌓을 수 있다. 여성이 다른 여성을 함께 난국을 헤쳐 나갈 동지로 여기기 위해 선결되어야 하는 것이 바로 이 '연대의식'이다.

　남성으로부터 무차별 혐오 범죄를 겪은 여성들이 조금씩 뭉치고 서로를 격려하며 소리내기 시작했다. 반가운 소식이다. 그렇지만 그것은 엄밀히 말하면 분노, 공포, 두려움이라는 부정적 감정이 뿌리가 되어 시작된 것이다. 내가 주장하는 연대감은 '함께 해냈다'는 성취감에 더 가깝다. 보다 강하게 단결하고 투쟁하기 위해서는 이러한 성공경험들이 내면에 축적되어야 한다. 이는 갑자기 단시간에 마음만 먹는다고 만들어지지 않으며, 그것을 가장 강력하게 경험할 수 있는 곳이 군대이다.

별것 아닌 것 같지만, 여자들이 가장 듣기 싫어한다는 군대 축구 얘기를 하면서 남자들은 자기들의 세계로 들어오는 문을 더 단단히 걸어 잠그고 있다는 사실을 잊어서는 안 된다. 특히나 국가와 타인을 위해 희생하고 고생했다는 경험을 공유한다는 것은 결코 우습게 생각할 만큼의 가벼운 감정이 아니다.

가뜩이나 아직 사회에서 힘도 없는데, 뿔뿔이 흩어져서 그 작은 힘을 합치지도 못한다면 무슨 게임이 되겠나. 온라인 게임 하나를 해도 마법사 혼자 돌아다니면 금방 죽으니까 여러 명의 검사, 요정들과 함께 모여서 파티를 구성하지 않나. 고작 게임, 온라인에서 만난 인연이지만 누구보다 끈끈해지는 그들의 관계를 생각해보자. 하나의 목표를 가지고 힘들게 미션을 함께 해결한 동지에게 특별한 감정이 생기는 것은 당연하다. 그것이 남자들에게 군대가 특별한 또 하나의 이유다.

우리도 대한민국 국민이다

개인의 전투력 상승과 연대의식 경험은 군대에 가면 얻을 수 있는 중요한 기대효과이다. 하지만 이것이 군복무의 본질은 아니다. 여성이 군대에 간다는 것은 대단히 상징적이다. 대한민국에 처음 국민개병제가 도입된 이래 국방의 의무에서 여성이 제외되어 온 근본적 이유와 그로 인해 지금껏 당연하게 인정되어 왔던 차별적 대우를 생각해보면 여성들은 오히려 군대에 가고 싶어질 수도 있다.

모성을 통해서만, 그러니까 아이를 낳는다는 정말 종족 번식 기능적 이유로만 국민으로서 인정받았던 전근대적 여성의 시대를 이제는 벗어나야 하지 않겠나. 가임기 여성의 분포를 전국지도에 표시했다가 분노를 샀던 행정부의 태도는 여전히 국가가 여성을 국가 인적자원의 생산도구로 여기고 있음을 보여준다.

여성은 시민권의 나머지 반쪽을 획득해야 한다. 대한민국의 국민은 모두 갖고 있다는 '국방의 의무'를 수행하면서 대한민국의 국민으로서 재탄생하며, 누군가의 보호를 받는 존재가 아니라 누군가를 지킬 수 있는 존재가 되는 것. 그리고 이와 함께 그동안 우리가 찾지 못했던 당연한 권리들을 더 소리 높여 요구할 수 있게 되는 것. 이를 통해 더 강하고 더 평등하고 더 발전하는 대한민국을 만드는 것. 여성이 당당하게 군대에 가는 것을 통해 실현될 수 있다.

제5장 우리가 가고 싶은 군대,

우리가 살고 싶은 세상

남자들이 군대 가기 싫은 진짜 이유

종합해보자면, 군대는 사람들이 가기 싫어하는 것만큼 쓸모없고 해가 되기만 하는 조직은 아니다. 가야 할 필요성에도 동의한다. 그런데도 어째 남자들이 징집 시기만 되면 우울하고 숨고 싶고 가기 싫어진다면, 그 이유는 분명 다른 부분에 있을 것이다.

첫째, 나라 지키는 일, 필요한 건 알겠는데 그럼 내가 나라 지키는 동안 군대 안 가는 애들은 뭐하냐는 것이다. 나도 그 시간에 공부하고 자기계발하고 자아실현하고 싶은데, 아니면 실컷 놀고라도 싶은데, 돈 많고 '빽' 있어서 안 오는 놈들이나 여자들은 하고 싶은 것 하는 동안 왜 나만 나라를 지켜야 하냐는 것이다. 공정하게 다 같이 희생한다면 괜찮은데 분명히 군대를 안 가는 인간들이 있다. 제일 먼저 지켜져야 할 전제조건이 바로 이 '공정함'이다. 누군가는 쏙 빠지고 힘없는 나만 끌려오는 그 더러운 기분. 그것을 참을 수 없기에 스티븐유도 여전히 입국을 거부당하고 있고 이회창도 대통령이 되지 못했으며, 심지어 국무총리가 되기 위해 군대에 안 간

162

아들에 대해 해명하면서 그 아들을 군대에 보내려고 병무청에 십수년 전 발송했던 탄원서까지 낱낱이 공개해야 하는 것이다.

둘째, 보상심리다. 예전에는 그래도 군대 간다고 하면 많이 울어주고 고마워해주는 사회 분위기가 강했는데, 언젠가부터 군인들이 홀대 받는 느낌이 든다고 해야 하나. 군가산점제 위헌부터 시작해서 군대에 가지 않는 일부 사람들의 '그까짓 군대'라는 식의 언행이 거슬린다. 내가 너희를 위해 원치 않는 군대를 가는데 너희는 왜 고마워하지 않는가. 특히 군대가 성 대결의 중심 화제가 되면서 이런 심리가 조금 더 강해졌다.

그래서인가, '여자는 군대 안 가잖아!' 하며 대놓고 공격하는 남자들이 나타났다. 그러면 '여자들은 아기 낳잖아!' 하는 여자들도 종종 있었지만, 사실 그것은 우리끼리 서로 헐뜯으며 싸울 얘기가 아니다. 명확히 하자. 여자가 군대를 안 가는 건가? 가란 법이 없어서 못 가는 것이다. '그래? 그럼 너네도 가고 싶으면 병사로 지원해서 입대해! 헌법 소원 내! 왜 장교나 부사관은 가면서 병사로는 안 가?'라고 말하고 싶은가? 아니, 우리 좀 솔직해지자. 본인도 가기 싫은 군대에, 굳이 그렇게까지 적극적으로 나서서 열악한 환경에 자원하라니. 지지하는 정부 정책이 있으면 나한테 부과된 것 이상의 세금을 내야지만 그것에 대해 말할 자격이 있는 건가? 그건 여자가 아니라 그 누구라도 안 하고 싶은 게 인지상정일 텐데. 너무 과한 것을 요구하면서 모든 여성이 양심 없다고 지탄하지는 말자.

그래서 남자들이 한 발 양보해 이런 결론을 내린다. "그래, 그럼 너희가 군대에 가지 '못'하는 것까지는 그렇다 치고, 그럼 남자들한테 고마워라도 해야지!"

말이 나온 김에, 여자들이 군대에 가지 않는 대신 아기를 낳는다는 이야기도 한번 건드려 보자. 지금은 '남자 군대 vs 여자 임신' 구도가 우습게 보일 수도 있지만 이는 그동안 구분되어 왔던 성 역할을 단편적으로 보여주는 것이기도 하다. 공동체의 안위를 위해서 남성은 전쟁터에 나가고 여성은 가정을 돌보는 일을 해왔던 우리 갑순이 갑돌이의 과거를 돌이켜보면 꼭 틀린 말도 아니었다는 것이다. 종족의 번식이라는 지구상 모든 생물의 본능과 소속 집단의 번영을 위해 국가 안보와 출산, 육아는 모두 반드시 필요한 일이다.

그런데 남성들은 가사 노동, 출산과 육아를 도맡았던 여성들에게 '우리 국가를 존속시켜 줘서 고맙다'고 인사하나? '맘충'이라고 공격이나 하지 않으면 다행이다. 물론 그것은 여성의 임신 선택권이 없던 시절, 즉 피임과 임신중절이 거의 불가능했던 시절을 바탕으로 한다. 각종 피임도구와 기술의 발달로 이제는 여성이 원치 않는 임신에서 벗어날 가능성이 상당히 높아졌다. 그러다 보니, 남성 개개인은 국가 권력의 강제에 의해, 여전히 원치 않는 군대에 가야 하는데 여성은 임신을 선택할 수 있으니 뭔가 남성만 희생하는 기분이 들고, 불공평하게 느껴진다. 실제로 국방의 의무는 지키지 않으면 처벌받는 제도이고 출산과 육아는 개별 가정의 선택이라고 볼 수 있으니, '궁극적으로 국가 발전에 이바지한다'는 본질을 따져보기에 앞서서 아예 비교 자체가 불가능한 것이라고 생각하는 남성의 입장도 일면 이해할 수 있다.

셋째, 군대에서의 생활이 너무나 열악하다. 아무리 전투를 대비한 훈련이라 해도 야전에서의 생활은 우리 일상과 괴리가 크고, 꽉막힌 위계조직에서 명령과 복종을 강요받는 것이 너무도 괴롭다. 모자에 짝대기 하나 많다고 나를 바보 취급하고 하찮게 만드는 그 조직의 분위기가 싫은데, 그곳에 순응하지 못하면 '관심병사' 즉 문제아로 만들어 버리는 획일화된 문화. 그러나 폭력의 무게는 개인마다 모두 다르게 느낄 수밖에 없고, 약하다고 마냥 비아냥거리기에는 여전히 군대 내에는 크고 작은 폭력과 강압이 존재한다. 그 모든 것이 정말 순수하게 '국방'을 위한 것이라면 그래도 어떻게든 참아볼 텐데, 국방과는 전혀 상관없어 보이는 불합리한 지시들이 쏟아지기도 한다. 그런 군대에서 각자 자기 집 귀한 아들로 자라온 사람들이 맨정신으로 버티기는 쉽지 않다.

내가 있던 부대의 병사 생활관에서 병사 한 명이 추락한 사건이 있었다. 자대 배치 받은 지 얼마 되지 않은 옆 사무실 막내 병사였다. 다행히 2층 높이여서 생명에는 아무 지장이 없었는데, 조사 결과 특별히 뛰어내릴 만한 사유가 발견되지 않았다. 그러자 주변 반응도 점점 나빠지기 시작했다. 별로 힘들 일도 없는데 왜 그랬는지 이해가 안 된다는 것이다. 당사자의 진의야 알 수 없지만, 일부러

군 생활 편하게 하려고 사고친 것 아니냐는 이야기도 들렸다. 그 중 가장 기억에 남는 말은 내가 굉장히 신뢰하던 우리 사무실 병사 입에서 나왔다. '솔직히 우리 부대 환경은 군대치고는 엄청 좋은 편인데, 이 정도도 못 견디면서 쟤가 어딜 가서 살아남을 수 있을지 모르겠다'는 말이었다. 다수가 살아남는 곳에서 순응하지 못하는 자에게는 낙인이 찍힌다.

어쨌거나 군대에는 '또라이'들도 참 많다. 군대 내 폭행이나 성폭력 문제도 끊임없이 발생한다. 밖에선 멀쩡했을 텐데 왜 그리 군복만 입으면 이상해지나 모르겠다. 서로를 잡아먹으려는 본능에 충실해진 수컷들이 우글우글 대는 공간에서 지내야 하는 것이 분명 누군가에게는 공포일 것이다.

이제 우리는 군대를 재정의해야 한다

군대가 가진 가장 큰 특성은 '폭력성'이다. 그래서 군대라는 국가의 합법적 폭력성 자체에 거부감을 가진 사람들도 많다는 것을 알고 있다. 국가주의부터 재논의하고 싶은 사람도 있을 것이다. 아마 이 문제에 대해서는 사람 머릿수만큼 서로 다른 견해들을 갖고 있을 것이다.

게다가 반민주적 역사를 거쳐오면서 우리나라 군대는 국가를 전체주의화하기 위한 수단으로 활용되었고, 독재에 저항하는 내부의 반대자들을 향해 그 힘을 오·남용해왔음을 알기에, 군대는 아주 오랫동안 피하고 싶지만 피할 수 없는 두려운 존재로서 우리 삶을 겉돌았다. 그러면서 한편으로는 그마저 없다면 우리 국가 전체를 위협하는 외부의 적에게 맞서 싸울 단체가 없음을 알기에, 울며 겨자 먹으면서도 군대에 갔고 군대의 존속을 지지해야 했다.

군대는 더 이상 이런 '취급'을 받아서는 안 된다. 여성 징병제를 논의하기에 앞서 반드시 군대의 의미를 재정의해야 한다. 우리에게

167

안보가 얼마나 중요한 쟁점인지 매 선거마다 느껴지지 않는가. 우리에게 군대란, 특히 징병제란 어떤 의미인지 공론화하고, 사회적 합의를 이끌어내는 과정이 필요하다. 이를 통해 더 이상 기피하고 두려워하고 억지로 끌려가는 군대가 아닌, 국가와 내 개인에게도 의미 있는 존재인 군대로 재탄생시켜야 한다. 그리고 그 기대에 맞춰 군대도 바뀌어야 한다.

한 마디로, 남성이든 여성이든 가고 싶은 군대를 만들어야 한다.

처음에 내가 군대에 갔을 때 받았던 질문들을 기억하려나. '너 군대 왜 왔어? (도대체)' 사실 모든 문제의 출발은 여기에 있다. 군대=가기 싫은 곳. 군대=자발적이지 않은 희생. 이 등식이 성립하는 것이 문제의 본질인 것이다. 물론 훈련이나 전투로 인한 죽음에 대한 공포도 작용할 수 있다. 실제로 그간 많은 국군장병들의 안타까운 순직이 있었다. 하지만 휴전국치고는 비교적 전쟁 발발 가능성이 낮은 것도 사실이다. 북한이 쳐들어와서 죽을까봐, 라는 어마어마한 공포심 때문에 군대를 기피하는 것이 아니다. 문제는 내부에 있다.

군대는 적과 싸우기 위해 가는 곳이지 우리끼리 싸우는 곳이 아니다. 그러나 2005년 김일병 총기 난사 사건을 비롯해서, 2014년 윤일병 구타 사망 사건과 임병장 총기 난사 사건은 우리 군의 어두운 모습을 비극적으로 보여준다. 특히 윤일병과 임병장 사건은 비숫한 시기에 일어나, '참으면 윤일병, 못 참으면 임병장'이라는 상징적인 말이 만들어지기까지 했다. 집단 따돌림과 폭행을 참고 숨기다가 결국 죽거나(윤일병), 참지 못하고 폭발하여 상대를 죽이는(임병장) 결말이 난 것이다. (* 윤일병 사건은 선임에 의해 집단 따돌림과 구타를 당하다가 결국 윤일병이 사망에 이른 사건이며, 임병장 사건은 괴롭힘을 당하던 임병장이 전역을 얼마 남기지 않고 동료 군인들에게 총기를 난사한 비극적 사건이다.)

이 사건들이 단순히 극단적인 일부 부적격자들에 의해 벌어진 특이 케이스일까? 그렇지 않다. 병사를 소모품이나 도구로만 생각하는 인식, 폐쇄적인 병영문화, 미비한 사전 사후 대책, 사적 권력 남용, 병역 방산비리와 같이 투명하지 못한 업무 처리가 복합적으로 만들어낸 여러 사건들 중 하나에 불과하다.

징병제가 국가방어의 도구로서 가장 편리한 제도이기 때문인지, 그것이 좋든 싫든(세뇌에 의한 것이든) 징병제 자체를 지지하는 여론이 우세하다. 그러다보니 군대의 불합리한 시스템이나 군인들의 인권 문제는 뒷전인 경우가 많았다. 감히 범접할 수 없는 무서운 곳에서 일어나는 일이고 휴전국에서는 어쩔 수 없이 감내해야 한다는 인식 속에서 적극적인 검열이 불가능해지고, 반인권적 군대문화와 각종 비리가 커져갔다.

이런 상황 속에서 돈 없고 '빽' 없는 남성들은 피해의식과 약자의식으로 뭉치기 시작했다. 그러면서 '나도 가기 싫은데 왜 나는 가고 쟤는 안 가'라는 논리로 무장하여 군대에 가지 않거나 가지 못하는 여성과 장애인, 양심적 병역거부자, 병역비리자 등을 구분하지 않고 비난한다. 이때 남성들은 자신이 피해자라고 생각하기 때문에 여성, 장애인 등 사회적 소수자가 겪는 아픔에 공감할 여유가 없고 그렇게 그들이 겪는 차별적 문제를 사소한 것으로 치부하게 된다. 1999년 군가산점에 대한 헌법재판소 판결 이후부터 시작된 사이버 테러를 비롯해, 지난 대선에서 '대통령은 군필자가 해야 한다'는 댓글에 달리는 수많은 공감 숫자는 '너도 나처럼 똑같이 국가에 헌신하고 희생했구나'라는 연대의식과 보상심리, 우월감을 바탕으로 한, 군대에 대한 다수 남성들의 인식을 고스란히 보여준다.

솔직히 말하자면, 여성 징병제를 주장하는 내 입장에서도 지금 당장 GOP에 여성 병사 몇 명을 덜렁 보낸다고 생각하면 아찔하다. 전방 근무의 제일 큰 공포는 남자든 여자든, 정말 만에 하나라도 전쟁이 나거나 수색 중에 지뢰를 밟거나 북한군에게 기습을 당하진 않을까 하는 것이다. 그런데 그것보다 더 현실적인 공포가 있다. 성범죄와 내부 폭력. 가뜩이나 언제 어디서 성범죄의 표적이 되지는 않을까 두려움에 떠는 여성들이 많은데, 과연 잠재되어 있던 폭력성을 한껏 드러내고 있는 남자들과 함께 오지에 동떨어져 보내진 소수의 여성이 무사히 군생활을 할 수 있을까, 라는 질문에 자신 있게 답하기가 어렵다.

그러면 또 많은 남자들이 기분 나빠하겠지. 일부 정신 나간 놈들 때문에 일어나는 사건인데 왜 모든 남성들을 잠재적 범죄자로 만드느냐고. (어휴, 그러면 다시 원점이다. 여성들이 가진 두려움의 근원을 이해해주지 못하는 사람들하고 무슨 이야기를 어떻게 하겠나.) 그래도, 함께 사는 사회니까, 남성들과의 대화를 멈추지 않겠다는 의지로 다시 한 번 짚어보자. 그렇다. 남성들 기분 나쁠 수 있다. 본인은 정말 잘 사회화된 남성인데 정제되지 않은 수컷 취급당하는 게 굉장히 언짢을 수 있다. 이해한다. 그렇지만 그건 그래봤자 좀 기분 나쁜 수준 아닌가.

여성은 만에 하나, 아니 십만에, 백만에, 천만에 하나라도 잘못 걸려서 성범죄의 피해자가 된다면, 그 순간부터 인생이 나락으로 떨어질 수 있다. 저항하다가 실제 목숨을 잃는 경우도 허다하다. '아, 엊그제 강간당했는데 기분 진짜 더럽다. 술이나 한잔 해야지' 하고 털어버릴 수준이 아니라는 것이다. 아니, 그럴 수 있다면 오히려 다행이다. 그런데 그러지도 못한다. 성범죄 피해자에게 오히려 부끄러워하고 숨어 지내라고 하는 것도 이 사회다. 어쨌거나 지금 이 사회에서 여성은 한 번 성범죄 피해자가 되면 원래 살던 대로 살기가 힘들다. 남성들이 잠재적 범죄자 취급 받았다며 기분 나빠하는 것과는 차원이 다르다.

얼마 전 여자 해군 대위가 자살을 했다. 상관에게 성폭행을 당했다고 한다. 계급 서열이 철저한 군대에서 그 여군 대위가 얼마나 힘든 상황에 놓여 있었을지 상상조차 어렵다. 언제까지 이런 동물적 범죄에 얽매여 살아야 하는지, 이해가 되지 않는다. 그래, 인간도 동물이니까 어쩔 수 없는 부분이 있다 치자. 그러니까 제대로 된 예방책도 만들어 주고 성 범죄에 대한 형량도 높여서 제발 단지 여성이기 때문에 그런 끔찍한 범죄의 피해자가 되지 않게 해달라는 것이다.

실제로 여성 징병제가 논의된다면 이 문제가 아마 가장 큰 핵심 쟁점이 되지 않을까 예상된다.

그런데 가만히 생각해보면, 여성이 본격적으로 군대에 간다면 오히려 군 내 범죄율이 저하될 것 같지 않은가? 왜일까? 여성이 남성보다 범죄를 덜 저지르기 때문에? 여성이 남성보다 착하고 비폭력적이기 때문에? 큰일날 소리.

간단하다. 보는 눈이 많아지기 때문이다. 군 조직과 민간 사회가 엄청나게 긴밀하게 연결되면서, 모든 국민들이 군에 대해 지대한 관심을 가지게 될 것이다. 거의 모든 국민이 군대에 가게 되는데, 군대가 얼마나 열린 공간이 되겠는가. 그렇게 지켜보는 눈이 많아진다면, 자연스레 군인들의 인권 문제나 베일에 싸여 있던 병영 생활들이 공론의 장으로 나오면서 분명 많은 문제점이 개선될 것으로 기대된다.

가고 싶은 군대가 되기 위한 또 다른 방안은? 군대를 '그들만의 리그'로만 두지 않고, 우리 모두의 군대임을 다시금 부각해야 한다. 장교, 부사관의 인성과 자질을 엄정하게 심사하고 또 올바른 지휘관으로 육성해야 한다. 무엇보다도 간부들이 모범이 되어야 한다. 세상 그 어느 조직보다 군대만큼 윗물이 맑아야 하는 조직은 없다. 군 조직 그 자체에 충성하는 것이 아니라 국가를 이루는 구성원들에게 충성해야 한다.

특히 사병들을 단순한 '병력'으로만 바라보지 않도록 유의해야 한다. 부하 군인들을 전쟁을 위한 도구로서가 아닌 인간 그 자체로 보는 생각의 전환과 연습이 반드시 필요하다. 다양한 특성을 가진 개개인을 인정하고 받아들여야 한다. 계급 사회라는 이유로 무조건 아랫사람을 억누른다고 해서 지휘관의 위상이 높아지고 그에 대한 존경심이 생기는 것이 아니다. 전시에 반드시 지켜져야 하는 '상관의 명령에 대한 복종'은 오히려 자신을 소중한 존재로 인정해줄 때 더욱 공고해진다. 지휘관으로서 권위를 부여하는 것은 마땅하지만, 권력을 남용하지 않도록 철저히 감시해야 한다.

모병제이기는 하지만 미군의 경우, 말단 병사부터 시작해서 일정 조건을 갖추고 시험을 통과하면 장교까지도 진급이 가능하도록 개방되어 있다. 필요하다면 우리도 우리 군 실정에 맞게 수정 보완해서 전문 직업군인이 되는 경로를 다양하게 만들 수 있을 것이다. 훌륭한 지휘관은 상황판단 능력, 군사작전에 대한 지식, 체력, 리더십과 같은 여러 역량을 갖춰야겠지만 가장 중요한 지휘관의 자질은 '인성'이라는 점을 다시 한 번 강조한다.

최신 문명의 혜택에서 멀리 떨어져 있는 오지 부대들의 관리는 더욱 철저하게 해야 한다. 그렇다고 그 책임을 해당 부대에만 몰아주어서도 안 된다. 병사들이나 초급 간부들이 겪는 어려움의 해결을 부대관리자나 가족들에게만 맡겨두면, 부대관리자는 책임에서 자유로울 수 없어 자꾸 문제를 축소, 은폐하게 되고 힘없는 가족들은 그런 내용을 잘 모르고 있다가 당하기 일쑤다. 국방부, 각군 본부 등 중앙에서 통제하는 관리자도 늘 관심을 기울여야 하며, 민간에서도 봉사활동을 비롯해서 다양한 방식과 매의 눈으로 감시하고 지속적으로 지원을 해주어야 한다.

한 가지 더. 군대에서의 시간을 단지 버리는 것으로 여기지 않을 수 있게 전역 후의 삶, 미래를 준비할 수 있도록 지원해야 한다. 드디어 병사 월급을 조금씩 상향한다고 한다. 돈 문제뿐만 아니라 장기적인 관점에서 교육에도 신경을 써야 한다. 군 복무 중에는 당연히 전투 자원으로서의 역할에도 충실해야겠지만, 결국 대부분은 전역하여 사회에 나올 사람들이다. 군대에서도 향후 진로 탐색이나 사회의 구성원으로서 해야 할 역할에 대한 교육 지원을 병행해야 한다. 군대를 사회와 단절된 시 · 공간이 아닌, 사회로 진출하기 위한 유의미한 연결고리로 만들어야 한다.

그렇게 병영문화 개선을 시작으로, 그동안 '국가 기밀'이라는 이유로 전문가나 일부 권력자에게만 집중되어 있던 무기 개발이나 군수물자 도입 문제도 시민사회와의 유기적인 공조를 통해 투명하게 운영할 수 있을 것이다. 국가 예산 중 국방비 비중이 올라가면 국민들이 별 말은 못하는데 불만은 많다. 지금까지 우리는 그래 왔다. 아니 무슨 돈을 대체 어디에 쓰는 것인지 잘 알 수가 없다. 기밀이라는 핑계로 잘 설명해주지 않으니 자세히는 모르겠고, 국방을 위해 돈이 필요하다고는 하니 반대도 못한다. 사병들의 복지나 처우는 20년 전이나 지금이나 크게 달라진 것도 없어 보이는데, 걸핏하면 예비역 방산 비리나 툭툭 터져 나오다 보니 국방비에 대해서는 영 찝찝하고 신뢰가 가지 않는 것이다. 이렇게 못 믿겠는데도 도대체 왜 어디에 무슨 돈을 쓰는지 국민들에게 자세히 알려주지 않을까?

군대에는 '비밀'이 있다. 나는 복무기간 동안 2급 비밀을 몇 건 가지고 있었는데, 두껍고 어려워서 자세히 읽어 볼 엄두도 못 냈다. 대충 훑어봐도 뭐 때문에 이게 비밀인지는 알 수 없었다. 그래도 비밀이 어딘가에 유출되거나 분실되면 아주 큰 일이 된다.

2011년, 뉴스에도 크게 보도될 정도로 큰 비밀 분실 사건이 우리 부대에서 발생했다. 내가 보유하던 비밀과는 그 중요도가 비교도 할 수 없을 만큼 큰 문서였다. 부대가 정말 발칵 뒤집혔다. 퇴근도 못했다. 주말에도 나와서 온 건물을 뒤졌다. 라디에이터, 에어컨은 물론이요 조그만 틈새라도 있으면 벽까지 뜯었다가 붙였다. 도무지 어찌 된 영문인지 알 수 없었다. 심지어 그 분실 여부를 어떻게 기자가 알고 보도가 됐는지도 알지 못했다. 당시 부대장은 비교적 덜 권위적이어서 내가 좋아하는 분이기도 했는데, 그 분이 너무 잘 나가는 바람에 반대 라이벌 세력이 일부러 꾸민 일이라는 소문이 돌기도 했다.

높으신 분들은 사건의 진짜 전말을 알고 있었을지도 모르겠다. 그렇지만 우리 초급간부나, 군무원, 병사들은 아무것도 모른 채 어떻게 그런 일이 발생할 수 있는 것인지 황당해하며 눈만 끔뻑끔뻑거렸다. 누가 일부러 저지른 소행인가, 아님 실수인가 의견이 분분했다. 옆에 있던 대위 선배가 우스갯소리를 했다. "야, 어차피 우리가 가진 비밀 전부 다 이미 김정일 책상 위에 올라가 있을 거야. 너랑 내가 아는 내용이 무슨 군사 기밀이냐." 결국 그 비밀은 찾지 못했고, 당시 부대 최고 지휘관이 보안 사고의 책임을 위해 사의를 표명하면서 일단락됐다.

분명히 철저히 보안되어야 할 자료들이 많다. 인력정보부터 훈련실시 계획, 기타 여러 가지 작전계획 등 우리가 적에게 노출하면 안 되는 정보들이 존재한다. 나는 소위 시절 멍청하게 비밀 하나를 사무실 책상에 올려놓고 퇴근했다가 선배 장교에게 된통 혼나고 보안의식이 철저해졌다. 전역 전에 부대에서 실시한 보안경연대회 표어부문에서 최우수상을 받기도 했었다.

그렇지만 일정 규모 이상 국방비가 소요되는 신무기 도입이나 개발, 사드 배치와 같은 중요한 문제에는 국민적 합의가 필요하다. 어디에나 찬반 의견은 존재하고 그로 인해 이익을 얻는 자와 손해를 보는 자가 생기기 마련이라 타협이 쉽지 않겠지만, 속도나 비용만을 이유로 절차를 무시하는 졸속 행정은 이제 그만할 때가 됐다. 국방 문제도 예외는 아니다.

지금 우리 정치는 발전된 기술력과 네트워크를 바탕으로 간접민주주의에서 직접민주주의로 발돋움하고 있다. 정치에 대한 일반 국민들의 관심도도 굉장히 높아졌다. 이제 '너희는 잘 모르니까 우리가 알아서 잘 할게'라는 말은 안 통하는 시대다. 사드 문제만 봐도 갑론을박이다. 국방이 국방에서 끝나지 않고, 외교 및 내치의 중요한 이슈가 되기도 한다. 주요 정책과 현안은 시민단체 등 국민 의견을 충분히 수렴하고, 찬반이 팽팽해서 결론이 나기 어려우면 그때는 투표로 국민의 권한을 부여받은 통치자가 결정하면 된다. 국민 의견 수렴 자체가 어려운 여건이라면 최소한 국민이 받아들일 수 있도록 설명하고 설득하는 과정은 갖춰야 한다. 특히나 국민 안보와 직결되는 국방 예산은 더욱 더 신중하게 집행해야 한다.

군대가 왜 존재하는가? 우리가 지키고자 하는 것이 무엇인가? 바로 민주공화국이다. 그 군대도 역시 민주공화국의 구성요소이다.

'우리들의 군대'로 다시 태어난 군대는 여자도 남자도, 누구나 가고
싶은 군대가 될 것이라 믿는다.

여자와 남자가 진짜 평등한 세상이 온다면?

그러면 여기서 잠깐. 우리가 바라는 대로 모든 여성이 남성과 동등한 대접을 받고 동일한 노력을 한다면 그에 상응하는 똑같은 지위를 획득할 수 있는 사회가 되었다고 치자. 그때에는 국민의 의무로서 여자들이 정말 군대에 기쁜 마음으로 갈 것인가? 과연 그럴 수 있을까?

솔직히 말해 쉽지 않은 일이다. 약 2년 간 국가를 위해 내 자유를 속박당하는 것은 정말 쉽지 않은 일이다. 할 수 있을까? 여기에서 수많은 남성들이 입대를 앞두고 겪는 딜레마를 함께 고민해볼수 있다. 그러기 위해서는 우리가 살아가는 데에 '나의 자유'만큼 소중한 것은 정말 아무것도 없는 것인지 한 번 생각해 볼 필요가 있다.

근대화 이후로도 꽤 오랜 시간 동안 '국가와 민족을 위해서'라는 일종의 전체주의적 당위에 눌려 개인의 자유와 자아실현 그 자체를 포기하고 희생해야 했던 우리 부모세대들. 그들의 삶을 보면서 워

낙데인 것이 많다보니, 지금의 대한민국을 살아가는 젊은이들에게 '자유'만큼 중요한 것은 없어 보인다.

국가 또는 타인의 간섭으로부터 개인의 권리와 개성을 지키고 누릴 수 있는 자유는, 최근 민주주의의 발전과 더불어 거의 절대적인 보편적 권리로 인식되고 있다. 이렇게 자유에 대한 공감대가 확산되면서 타인이나 공동체로부터 분리된 '개인주의' 역시 보편화되었고, 국가라는 이름의 공적 영역은 개인과 사회를 억압하고 간섭하는 존재라는 인식이 자리하게 되었다.

나 역시 얼마 전 크게 공감하며 읽었던 책이 문유석 판사의 〈개인주의자 선언〉이었다. 남에게 폐 끼치지 않고 간섭도 받지 않으며 개인적으로 살아가는 삶을 꿈꾸는 사람. 많은 사람들이 더 이상 이웃과 교감하고 다양한 관계를 맺고 싶어 하지 않으며, 이제는 올림픽 경기를 보아도 끓어오르는 애국심이 예전 같지 않다. 금메달을 딴 펜싱 선수를 보면서도 그가 우리나라 대표라는 사실에 자부심을 느끼기보다는, 그 선수 개인이 '할 수 있다, 할 수 있다'고 스스로에게 되뇌며 끝까지 포기하지 않고 목표를 달성하는 모습에 감동받았다. 그 개인의 도전 정신과 집념이 사람들에게 훨씬 더 큰 감동으로 다가가는 시대가 되었다. 내가 초등학생 때 보았던 올림픽 중계에서 한국 여자배구 팀이 일본을 이겼다고 거실 소파에서 엄마와 부둥켜안고 기쁨의 환호성을 질렀던 시절을 떠올려 보면, 확실히 우리 삶의 무게중심이 국가에서 개인으로 옮겨 왔음을 느낄 수 있다.

이런 결과는 물론 개인들이 먼저 야기한 것은 아니다. 말하자면 미움받을 짓을 국가가 먼저 했다는 뜻이다. 기껏 좋은 나라 만들라고 뽑아준 통치자들이 사적인 욕심을 채우기 위해 공적 영역을 멋대로 사용하는 파렴치한 행동들을 우리는 너무나 오랫동안 봐왔고, 그로 인해 정치 권력자들에 대한 신뢰가 바닥을 찍었다.

멀리 갈 것도 없다. 이번에 대통령을 바꾸어 낸 촛불 민중 운동만 봐도 출발은 '더 이상 참을 수 없는 기득권의 부정부패' 때문이었다. 그러니까 우리는 국가를 불신하고 개인의 삶만 열심히 살면 되는 것일까?

하나 분명히 해야 할 것이 있다. 우리는 부패하고 무능한 정치인들을 혐오하는 것이지, '국가' 그 자체를 싫어하는 것이 아니다. 국가를 구성하는 내 주변의 모든 이웃들을 미워하고 불신하는 것은 아니다. 정치 혐오로 인해 아나키즘, 즉 무정부주의까지 지지하게 된 사람이 일부 있을 수는 있으나, 대부분의 시민들은 아무리 밉고 싫어도 개인은 국가를 완전히 벗어나 살 수 없다는 사실을 받아들이고 있을 것이다. 암만 '혼술, 혼밥'이 좋다고 외쳐도 인간은 사랑하는 사람들과의 관계 속에서 행복을 추구하는 존재이며, 혼자서는 결코 생존할 수 없는 필연적인 사회적 동물이기 때문이다.

이쯤에서 헌법을 한 문장 꺼내보고 싶다. '대한민국은 민주공화국이다.' 무려 대한민국 헌법 제1조 제1항이다. 대한민국은 민주주의 국가이기도 하지만, 동시에 공화주의 국가이다. 갑자기 불쑥 공화주의가 뭐냐고? 공화주의의 의미는 로마 시대 정치가이자 철학자인 키케로의 입을 빌려 표현해야겠다. 키케로는 저서 〈국가론〉에서 '공화국은 인민의 일들이다. 그러나 인민은 아무렇게나 모인 일군의 사람들을 뜻하는 것이 아니라, 정의와 공동의 이익을 인정하고 동의한 사람들의 모임이다'라고 정의하고 있다. 인민이란 한 사람 한 사람을 뜻하는 것이 아니라 공동체 구성원 전체, 그 뭉쳐져 있는 상태를 의미한다. 어머, 인민이라니. 키케로도 빨갱이인가? 원래 인민이라는 말은 서로 동등한 관계에 있으며, 국가를 구성하는 핵심 요소가 되는 시민을 일컫는 말이다. 키케로는 공화정, 즉 공화주의적 정치 체제는 공동의 정의, 법, 이익을 인정하고 동의한 사람들의 모임이자 정치 공동체라고 말했다.

물론 공화주의도 극단적으로 변질되면 위험하다. 공동체, 공공 이익 그리고 시민으로서의 책임감이나 희생을 과하게 강제하다보면 개인의 자유가 너무 많이 침해될 수 있다. 과거 히틀러의 독일이나 무솔리니의 이탈리아에서 나타난 전체주의는 공화주의를 자기들 입맛에 맞게 각색해서 나쁜 방향으로 끌고 간 대표적인 예다. 공동체를 마치 하나의 획일화된 집단으로 생각하게 만들면, 나와 우리, 민족을 강조하고 나와 다른 사람은 무조건 배척하는 협소한 의식으로 자칫 변질될 위험이 있다. 우리나라의 60~80년대도 마찬가지다. 절대적 빈곤에서 벗어나겠다는 공동의 목표 달성을 위해 국가주도 경제 성장을 하면서 대다수의 일반 시민들이 국가에 의해 자유를 침탈당했지 않은가. 그것이 얼마나 잘못된 건지도, 억울한 지도 잘 모르고 버렸던 그 인고의 시기 역시 일종의 극단적 공화주의에 해당될 수 있겠다.

사실 공화주의만으로도 이 책이 다 차고 넘칠 만한 분량이 나온다. 어마어마한 개념이다. 그럼에도 불구하고 굳이 '공화주의'까지 꺼내든 이유가 있다. 지금 우리의 관심이 '자유'와 '개인'에만 너무 쏠려 있는 것은 아닌지 우려되기 때문이다. 어쩌다 '애국심', '공동체 의식'이라는 말만 나오면 마치 '없는 놈만 희생하라는 거냐!'고 오해받는 '헬조선의 불신(不信)'이 안타깝기 때문이기도 하다. 다시 한 번 강조하지만 이러한 불신은 '있는 놈'들과 '통치자'들이 자처한 일이다.

자, 그러니까 이놈의 헬조선 포기하고 다 같이 다른 나라로 도망가야겠다. 아니면 이번 생에는 틀렸으니까 다음 생에는 꼭 앵글로색슨족 건장한 남성으로 태어나서 부귀영화를 누려야겠다. 어떤가. 상상만으로도 좋은가? 하지만 도저히 그럴 수는 없고, 이 책을 아직 손에 쥐고 있는 대다수의 사람들은 지금의 삶이 조금이나마 더 나아지기를 희망하는 나와 같은 범인(凡人)들일 것이다. 어차피 우리가 살아가야 할 사회이고 현실이니, 조금이나마 살기 좋게 만들어 보자. 그러기 위해서 우리가 갖춰야 할 '공공의식'에 대해 함께 고민해보고 싶다.

점점 도덕교과서가 되어 가고 있는 기분이다. 하지만 말이다. 우리 이런 당연하면서도 꼭 필요한 이야기를 안 하고 산 지 너무 오래되지 않았나? '공공의식'이나 '시민적 덕성'은 공화국에서 살아가는 시민들이 마땅히 지녀야 할, 토익 700점이나 자격증들과는 비교도 할 수 없을 만큼 훨씬 더 중요한 기본 스펙이다. 김경희는 저서 〈공화주의〉에서 시민적 덕성을 이렇게 정의했다.

'시민적 덕성은 시민들이 공동의 이익에 관심을 가지고 그것에 복무하는 마음가짐과 자세를 의미한다. 따라서 시민적 덕성은 자신만의 사익을 추구하려는 경향과 대비된다. 공화주의에서는 시민들이 자발적으로 공공의 이익에 복무하려 할 때 정치 공동체가 번영할 수 있다고 믿는다. 반대로 시민들이 사익만을 추구하려 하면 공동체의 발전은커녕 혼란과 무질서를 가져올 수 있다는 것이다.'

우리 모두가 이 공동체의 주인이라는 마음으로 공동체를 지키기 위해서 스스로 희생과 양보도 하고 서로 배려해야지 이 공동체가 잘 유지된다는 얘기다. 차근차근 생각해보자. 그러려면 무엇이 가장 먼저 전제되어야 하는가?

이 공동체의 주인이 바로 '나'라는 것을 확신할 수 있어야 한다. 내 목소리가 정치에 충분히 반영이 되어야 한다. 어느 날 갑자기 나보다 덩치 크고 돈 많은 사람이 나에게 마스크를 씌우고 자기만 옳다고 소리 지른다면 나는 더 이상 그 공동체의 주인이라는 생각을 하지 못한다. 그러면 그때부터 내 관심사는 공동체의 번영이 아니다. 어떻게 하면 나도 빨리 힘이 세지고 다시 목소리가 커질 것인지 고민하게 된다. 성격에 따라 어떤 이는 그 덩치 큰 녀석에게 매일같이 덤비고 시비 걸고 싸울 수도 있고, 어떤 이는 나보다 더 덩치가 작은 녀석을 찾아서 그 아이의 목소리를 빼앗을 수도 있다. 어쨌거나, 서로를 위한 배려와 희생 따위는 찾아볼 수 없게 된다.

지금 우리 사회가 딱 이 모습이다. 살기가 각박해지니 마음에 여유가 없고 공동체라는 단어는 화석같이 먼 과거의 이야기가 되었다. 무엇이 충족되지 않는가. 너무나 많은 계층과 입장이 있지만, 여기에서는 성별을 기준으로 생각해보자.

여성은 너무 오랫동안 지배받고 살아왔다. 평등? 아직도 멀고 먼 이야기이다. 정치, 경제, 사회, 학교, 가정 어느 한구석을 돌아봐도 자신 있게 평등하다고 말할 수 있는 분야가 없다. 삶이 고달프고 형편이 어려울수록 그 차이의 폭은 훨씬 크다. 이렇게 태평하게 앉아서 글 쓰고 있는 나만 해도, 어디 가서 '여자라서 차별받는다'고 명함 내밀기 어려운 수준이다. 직장생활에서 내가 겪는 여성 차별이 없다고 말할 수는 없지만 크게 보면 나는 그럭저럭 양호한 삶을 살고 있다. 내 남자 동기와 똑같이 중요한 업무를 부여받으며, 똑같은 기준으로 업무 성과를 평가받고, 결과적으로 똑같은 월급을 받고 있다. 공무원이나 전문직도 사정은 비슷할 것이다. 사실 요새 양성 평등이 이루어지고 있다든가, 점점 세상이 변하고 있다는 이야기는 전부 다 그래도 돈 있고 능력 있는 사람들 이야기다.

차별적 처우를 가장 심하게 느끼는 계층이면서 동시에 차별에 저항하는 것이 사치로 느껴지는 계층은, 당장 취직이 고프고 알바를 전전하는 형편 어려운 친구들일 것이다. 결혼한다고 하면 퇴직을 종용하는 악덕 중소기업에 다니는 사람들일 것이다. 육아휴직에서 돌아오면 자기 자리가 없어지는 입장에 처한 사람들일 것이다.

그런데 이렇게 공화주의, 공동체 의식까지 언급하며 이야기하면 뭐하나. 다람쥐 쳇바퀴 돌 듯 여성들은 더 나은 대우와 환경을 먼저 원하고, 남성들은 다 모르겠고 '여자는 일단 군대나 갔다 와서 얘기하자' 하는데.

그러니 If를 실제로 해보자는 것이다. 나는 그 중에 양성 평등이 먼저 이루어지길 소원했었다. 그런 날이 오면 누구나 자신있게 여자도 징병되겠다고 나서지 않을까 생각했다. 북유럽 국가들처럼 말이다. 그렇다면 내 입장에서는 더할 나위 없이 좋겠지만, 그건 이대로는 너무나 힘들어 보이니 여성이 먼저 징병에 참여하자는 것이다. 우리 사실 서로 이러고 있는 거 아닌가?

- 남자 : 여자가 군대 가기만 해봐. 그게 진짜 평등한 세상이지.
- 여자 : 양성이 진짜 평등한 사회 한 번 만들어 줘봐. 내가 당

장 군대 간다.

그러니까 군대를 가보자. 징병되어 모든 여성이 다 군대에 가보자고. 가서 세상이 어떻게 바뀌는지 보자고. 아니, 아니다. 가서 세상을 바꿔보자. 우리에겐 그럴 만한 힘과 당위가 충분히 주어졌다. 우리에겐 공동체를 함께 번영시켜 나갈 의무와 권리가 있으며, 그러면서 동시에 공동체의 주인이 될 권리와 의무가 있다.

누구나 이렇게 건전한 마음가짐으로 징병제를 받아들일 수 있기 위해서는 강력한 전제 조건이 필요하다. 앞서 언급한 대로, 대한민국의 시민으로서 살아가는 누구나 차별 없이 공평하게, 공정하게 군복무에 임한다는 조건 말이다. 부자도 가난한 자도, 배운 자도 못 배운 자도, 그리고 여자도 남자도. 할 수 있는 한 모두가 함께 국방의 의무를 다한다는 공감대가 반드시 형성되어야 한다.

각 국가의 군대는 개인이라는 점(dot)들이 모여 사는 국가를 다른 국가로부터 지켜주기 위해 존재한다. 아무리 우리가 비폭력주의이고 평화주의자라고 해도 우리를 공격하고 침략할 수 있는 다른 군대들이 우리 곁에 있다면, 그 평화를 지키기 위해서라도 군대는 필요하다. 그리고 그 군대는 국가의 주인인 우리 모두가 함께 짊어져야 할 짐이다. 누군가에게 미룰 수 있는 문제가 아니다.

뭐 이렇게 당연하고 뻔한 이야기를 늘어놓느냐고? 내가 여태껏 늘어놓은 소리에 동의하지 않는 사람들도 생각보다 많다. 전쟁은 나쁜 것이기 때문에 우리는 탈군사화 해야 하고, 평화롭게 살아야 한다고 생각하는 사람들도 아주 많다. 누군가를 죽고 죽이는 상황에 놓이는 것은 결코 겪어서는 안 될 경험이라고 말한다. 그들의 의견이 틀렸다고 생각하지는 않는다. 이상적이고 옳은 이야기다.

최근에는 총을 들고 훈련하는 것이 너무나 싫어서, 징병제가 없는 유럽 국가로 망명을 신청하는 대한민국 청년들도 점점 늘어난다고 한다. 양심적 병역 거부라고는 하지만, 말하자면 본인의 가치관에 배반하는 행위를 절대 타협조차 할 수 없다고 판단한 젊은이들의 도피라고 볼 수 있다. 대중의 반응은 싸늘하다. 그들의 '양심'에 대한 존중보다는 더 이상 같은 공동체의 일원으로서 받아들이기 싫은 미움이 앞서는 것이다.

그렇다고 국가가 우리를 지켜주니까 고마워하자, 국가에 충성을 다하자는 얘기를 하려는 게 아니다. 보수주의 대표적인 인물인 에드먼드 버크가 말했다. '인권에는 자유의 구속과 자유가 함께 고려되어야 한다'고. 그저 나의 자유를 지키기 위해서는 일정 부분 나의 자유를 희생할 수도 있다는 것을 인정하자는 것이다.

'국가'라는 이름의 어떤 특정한 존재가 우리를 지켜주는 것이 아니다. 우리를 지켜주는 것은 내 주변에서 함께 살아가는 개개인들이다. 그들이 교육을 받고 노동을 하고 세금을 내고 군대에 간다.

그런 한 명 한 명의 작은 희생과 자유의 구속을 통해 국가가 계속해서 존재할 수 있다는 것이 오히려 맞는 표현이다. 나는 세상 모든 인권이 소중하다고 믿고 차별에 반대하는 진보주의자들이 '더 큰 자유를 위한 일부 자유의 희생'을 인정하지 않는다면 반대 진영과의 의견 차이는 절대 좁혀지지 않고 평행선을 달릴 수밖에 없다고 생각한다.

오랫동안 다른 나라의 지배를 받았고 지금도 눈치보며 외교하는 힘없는 나라에 살고 있는 우리 국민들은 국가의 힘이 얼마나 중요한지 뼈저리게 느끼고 있다. 그래서 지금까지도 혹시나 하는 마음에 국가보안법이니 종북 좌파 빨갱이니 하는 이야기에 크게 반기를 들지 못하는 것이고, 징병제에 대해서도 대다수가 받아들이고 있지 않은가.

군대만 갔다 오면 남자랑 똑같이 대해주는 거죠?

아직 풀지 못한 숙제가 있다. 진짜 군대만 갔다 오면 되는 건가? 아마 군대 2년만 다녀오면 남자와 여자가 똑같은 사회적 위치를 가질 수 있다는 보장만 된다면, 당장이라도 가겠다고 손들 여자들이 많으리라 짐작한다. 결코 지금의 군복무를 우습게 생각해서가 아니다. 그만큼 사회에서 불합리한 대접을 받는 여성이 많기 때문이다.

여성들도 그냥 생긴대로 살면서 생긴대로 이해받고 싶다. 아니, 굳이 남에게 이해받아야 하나? 타인의 시선과 상관없는 주체적인 삶을 살고 싶다. 그런데 그러면 그럴수록 약자는 더 짓밟히는 것 같다. 그래서 일종의 '남성성'이라 할 수 있는 전투력 상승을 위해, 국가의 일원으로서 성원권을 획득하기 위해 스스로 나서서 군대까지 다녀오려고 한다.

자, 그럼 군대에 가기만 하면 정말 여성이 느끼는 모든 불평등함이 해소될 수 있을까? 가뜩이나 직장 다니며 돈도 벌고, 가사와 육아도 100% 해내야 한다는 '슈퍼우먼'의 굴레에 갇혀 지내는 여자들이 수두룩한데, 여기에 국방이라는 또 하나의 의무만 더해 주는 건 아닐까?

앞서 '군대 vs 임신' 구도를 잠시 언급했다. 사실은 짚어봐야 할 문제다. 여성이 임신과 출산, 육아를 통해 역사에 기여한 바가 전혀 없나? 그 모든 '어머니'로서의 행위들도 국가 공동체의 번영을 만들어낸 중요한 축임이 분명하다. 다만 남성의 국방의 의무는 공적인 영역이고, 여성의 가사나 육아는 개인의 일, 사적인 일로 평가되어 가려졌을 뿐이다. 그러다가 그마저도 하지 않는 미혼여성들이나 어머니가 아닌 여성들은 국가에 정말 아무것도 기여하지 않은 무책임한 인간 취급을 받는다. 남자들 사이에서는 이런 말도 나온다. '그럼 애 안 낳은 여자들만 징병하자. 그러면 출산율도 올라가고 일석이조다.' 임신과 출산, 육아를 경험해 본 여자들이 보기엔 기도 안 차는 소리에 가깝겠지만.

군대가 우리 구성원 모두의 책임이듯, 이제는 출산과 육아도 사적인 일이 아니다. 국가가 나서서 해결해야 할 문제다. 적극적인 출산 장려 정책과 더불어 걱정하지 않고 아이를 키울 수 있는 보육시설 확보 및 공교육 개선. 여기서 내가 감히 언급할 수도 없는 다양하고 공정하고 구체적인 정책 후보군들이 아주 많이 존재할 것이다. 하지만 모든 것에 앞서, 남성과 여성 모두의 인식 변화가 필요하다.

'애는 그래도 엄마가 키워야 한다. 애한테는 엄마가 필요하다.'는 명제가 당연하게 받아들여지는 사회에서 살아가면서, 자아실현을 하고 싶은 '이기적인' 엄마들은 마음속으로 끊임없이 갈등하며 스스로를 괴롭힌다.

무엇 하나 빠뜨리면 안 된다. 애를 낳고 싶은데 돈이 없거나 경력단절이 두려운 사람들도 챙겨야 하고, 애를 낳기는 해도 사실은 모성 DNA를 어마어마하게 갖고 있지는 않아서 애를 키울 자신이 없는 사람들도 챙겨야 하고, 애를 낳기 싫은 사람들도 챙겨야 한다.

엄마로서 아이의 유아기를 꼭 함께 해주고 싶은 엄마에게는 눈치 보지 않아도 되는 실질적인 육아휴직을 보장해주고, 휴직을 마치고 돌아가서도 다시 하고 있던 일을 할 수 있게 단단한 틀을 마련해 주어야 한다. 지금도 노동법에는 있다. 그런데 잘 안 지켜질 뿐이다. 왜냐하면 회사가 이런 상황을 싫어하기 때문이다. 회사는 수단과 방법을 가리지 않고 이윤을 많이 남기려는 곳이다. 한 푼이 아쉬운 입장이다. 특히 쉽게 줄일 수 있는 비용이 인건비다. 그래서 어떻게든 휴직 가는 여성들을 내친다. 그럼 그놈의 보이지 않는 손이 알아서 해주나? 아니다. 이제는 국가가 제대로 보장해주어야 한다. 제도를 잘 지키는 회사에 인센티브를 주고 안 지키는 회사에 페널티를 주어야 한다. 요새는 사람들이 다 안다. 착한 기업은 알아서 물건 사주고 좋다고 소문내주고 나쁜 기업 제품은 불매운동 하는 세상이다. 점점 이렇게 서로가 공공선을 위해 노력하는 세상이 만들어져야 한다. 영세한 중소기업은 어쩌느냐고? 그 기간에 대체인력을 채용하고, 관련 보조금을 강화해주는 수밖에 없다.

그리고 놓쳐서는 안 될 중요한 포인트 하나. 이 모든 제도가 엄마들에게만 강요되는 것이 아니라 아빠들도 육아의 책임을 함께 할 수 있게 만들어야 한다. 그러기 위해서는 아빠들도 육아휴직을 의무적으로 보내야 한다.

이도저도 싫을 수도 있다. 어떤 부부가 둘 다 일 욕심이 많고 그들에게는 자아실현이 육아보다 더 중요한 가치관이라면, 또는 경제적으로 어려워서 어떻게든 한 푼이라도 더 벌어야 하는 입장이라면, 그 부부의 아이는 국가가 책임지고 키워줘야 한다. 시부모나 친정부모에게 죄짓는 마음으로 아이를 밀어넣는 일이 없도록 해야 한다.

믿고 맡길 수 있는 국공립 어린이집과 유치원을 확충하고 특히나 보육교사들의 처우를 개선해야 한다. 엄마들이 어린이집 입학설명회에 가서 '선생님들 월급이 어느 정도냐'는 질문을 한다. 실례가 되는 것 같은 질문이지만, 그게 궁금할 수밖에 없다. 월급 받는 만큼 동기부여가 되어 아이들에게 잘 해줄 것 같기 때문이다.

엄마들은 어린이집 선생님이 자기 아이를 제 자식처럼 잘 돌봐주기를 바라지만 동시에 육아가 얼마나 힘든지도 알고 있다. 자기 애 하나 보는 것도 우울증 걸릴 만큼 힘들다. 아무리 전문가라고 해도 하루에 영유아 대여섯 명씩 맡아서 돌보다보면 진짜로 돌아버릴 수 있다. 계속 해서 발생하는 어린이집 교사의 아이 학대 사건들을 보면, 개인의 인성 문제 해결도 필요하지만 교사들에 대한 전체적인 처우, 환경 개선도 시급하다.

가사도 마찬가지다. 의식적으로 바꿔나가야 한다. 가사가 여성만의 영역이 아님을 공식화해야 한다. 내 또래만 해도 남편들이 머리로는 많이 이해하고 노력하고 있다고는 하지만, 실천이 쉽지 않다.

우리 아버지는 아직도 당신이 퇴근하자마자 갓 지어진 압력밥솥 밥을 먹어야 한다고 강조한다. 어머니도 일을 하긴 하시지만, 단시간 노동자라서 아무래도 할 수 없이 아버지에게 그 밥을 지어주시는 것 같다. 나는 아버지에게 말한다. "나는 아버지 같은 남편 만나면 못 산다."고. 아버지는 또 내 말에 동의한다. "너는 밥하고 빨래하는 남편 만나라." 하신다. 그래도 당신은 옛날 사람이니 그냥 이렇게 살아야겠다고 하며, 청소나 분리수거는 '도와준다'고 당당히 말씀하신다.

다섯 살짜리 아들이 있는 친구 한 명은 지금부터 아들에게 가사를 교육한다. 누나라는 이유로 남동생 밥 차려주던 자신의 유년시절을 떠올리며, 제 아들은 다르게 키우겠다고 마음먹었다. 자기가 먹은 밥그릇은 자기가 개수대에 가져다 놓고, 의자 밟고 올라서서 물에 헹구는 연습까지 한다. 집안일은 무조건 습관이 들어야 한다고 강조한다. 우리는 이 두 세대가 공존하는 세상에 살고 있다.

우리 세대에도 여전히 '사랑하는 내 아들은 결혼해서 와이프에게 밥 얻어먹고 다녔으면' 하고 기대하는 부모가 많다. 그러면서 또 '내 딸은 집안일 잘 하는 남편 만났으면' 한다. 참으로 간사하고 이기적인 게 사람 마음이다. 의식적으로 고치지 않으면 안 된다. 혼자는 바꿔나가기 힘든 문제이다. 국가와 사회에서 계속해서 문화를 만들어야 나가야 할 것이다.

뿌리 깊은 가부장제로부터의 탈피를 꿈꾸며

여성 혐오, 페미니즘, 페미니스트 같은 단어들이 주목받고 있다. 나는 이 글을 쓰면서 '예민해졌다'는 말을 많이 들었다. 아는 만큼 보인다는 말처럼, 여성의 관점에서 세상을 바라보다보니 기분 나쁜 일도 많아지고 신경질 날 때도 더 많아진 것이 사실이다. 특히 인터넷으로 접하는 기사나 여론을 보면 성대결 구도가 많이 벌어진다. 그리고 그곳에서는 다수의 남성들이 여성 혐오를 자행하고 있다.

나도 처음에는 '혐오'라는 말이 좀 이상했다. 혐오는 무언가 징그러워하거나 굉장히 싫어한다는 느낌이 든다. 집에서 갑자기 튀어나온 바퀴벌레를 보았을 때 느끼는 감정 말이다. 그래서 여성을 '차별'하거나 '비하'하기는 하지만 '혐오'까지 하는 사람은 많지 않다고 생각했다. 과격한 단어 같았다.

'혐오'라는 단어를 인정하게 된 것은 자칭 극우사이트라는 '일베'에서 여성들을 모욕하는 모습을 접하게 되면서부터이다. 그보다 한층 더 '혐오'가 심각해졌다고 느낀 것은 '메갈'이 생기면서다. 메갈

196

은 '이유 없이 여성을 혐오하는 일베를 미러링하겠다'며 등장했는데, 그때부터 일베가 아닌 일반 남성들도 여성들을 '꼴페미' '메갈' '메퇘지'라고 부르며 싸움에 뛰어들었다.

사실 메갈의 등장은 그동안 여성을 혐오하는 존재들을 애써 무시하거나 외면하거나 참아왔던 여성들이 적극적으로 저항하게 됐다는 의미로 해석된다. '너희가 여성 혐오하는 것처럼 우리도 남성 혐오 해줄게.' 여성이 이렇게 나오자 오히려 여성을 혐오하는 사람들이 다방면에서 속속 나타나기 시작했다. 포털 사이트들 뉴스에 달려 있는 수많은 댓글과 공감 숫자는 단지 일베가 조작한 것이라고는 믿기 어려울 만큼 많다. 만약 순수하게 일베의 행동이라면 그만큼 일베에서 활동하는 사람들이 많다는 것을 뜻하니 결국 많은 사람들이 여성을 혐오한다는 의미는 달라지지 않을 것이다.

끝나지 않을 싸움처럼 보인다. 나는 도저히 무서워서 일베에도 메갈에도 들어가보지 못했다. 그곳의 글을 읽고 버틸 자신이 없다. 너무 많은 스트레스를 받을 것 같다. 이런 비생산적인 혐오들을 어디에선가 멈춰야 하지 않을까.

일베와 메갈을 사회의 암적인 존재라고 말하는 사람들이 많다. 사실 일베와 메갈은 이미 도를 지나쳐 어느 하나 감싸주기가 어려운 지경에 이르렀다. 당연히 두 집단의 표현 방식은 대중에게 '혐오감'을 주며, 지지받기 어렵다. 성별, 특정지역 등을 기준으로 불특정 다수를 폄하하고 매도하는 극단적 표현은 아무리 표현의 자유가 보장되는 민주국가에서라도 지양해야 하는 것이 분명하다.

도대체 어떻게 멈출 수 있을까. 그래도 자유민주주의 국가인데 특별한 사건도 없이 사적인 커뮤니티 그 자체를 국가가 법적으로 처단하고 해체시킬 수 있을까? 그런다고 그들이 완전하게 사라질까? 과연 그 커뮤니티들은 자정작용이라는 것이 생기기는 할까? 우리가 당황해 하고 있는 지금 이 순간에도, 그들이 양산해 내는 자극적인 언어들이 대한민국을 조금씩 갉아먹고 있다.

사실 이 커뮤니티들에 대해 따로 언급하고 싶지 않기도 했다. 그러나 이미 그곳들은 온갖 혐오의 성지이자 대명사가 되어버렸고, 이는 엄연히 우리 주변에 존재하는 현상인데 내가 눈 감고 지나친다고 해결될 일이 아닌 것 같았다. 심각한 문제다. 아직 어린 청소년들마저 부정적인 언어에 물들고 있고 서로를 싫어하는 것부터 배우는 세상이라니, 너무나 안타깝고 한편으로는 책임감을 느낀다. 어떻게든 해결 방법을 찾아야 한다.

그런데 하나 분명한 것은, '메갈'을 기점으로 부쩍 우리 사회에 다양한 페미니스트들이 눈에 띄기 시작했고, 2016년 강남역 10번 출구 살인사건 이후로 페미니즘 문제가 지속적인 화두로 떠오르고 있다는 점이다. 생각해보자. 갑자기 여자들이 드세졌나? 엄마들은 안 그랬는데 요즘 여자들이 이상해졌나? 그냥 살던 대로 살지, 왜 저렇게 야단법석들인지 모르겠나?

특히, 싫은 소리 듣기는 싫고, 그렇다고 먼저 희생하기도 싫은 일부 남성들은 여성 혐오 범죄 얘기가 나올 때마다 날을 세운다. 도대체 그게 왜 여성 혐오 범죄냐고 묻는다. '오버'한다고 면박준다. '여성을 죽이면 여성 혐오, 노인을 죽이면 노인 혐오, 어린이를 죽이면 어린이 혐오냐'고 따진다. 논리적인 척 한 마디 덧붙이기까지 한다. 그럼 왜 어린이들이 살해당한 사건에는 아무 말 하지 않고 가만있다가 여성이 살해당했을 때만 화를 내느냐는 것이다. 일종의 일관된 도덕성을 요구하는 것인데, 글쎄다. 넬슨 만델라한테도 왜 흑인 해방 운동만 하고 여성 운동은 적극적으로 하지 않았냐고 따질 수 있을까. 밥상용 쌀 수입을 중단하라고 시위하는 농민들에게 왜 자동차 개방에 대해서는 반대하지 않느냐고 물을 수 있을까.

나 역시 당연히 아동 학대, 노인 학대, 장애인 차별과 같은, 약자를 대상으로 한 모든 사회 범죄들이 안타깝고 어떻게든 근절되기를 간절히 바란다. 그렇지만 나는 여성이니까 여성 문제가 나에게 더 와닿고 여성 차별로 인해 힘든 일을 직접 겪고 있기 때문에 이 문제에 소리 높이는 것이다. 그런데 어떤 사람들은, 나와 직접적으로 관련 있으니까 더 관심 갖고 행동하는, 민주주의 사회에서 벌어지는 아주 당연한 현상에 자꾸 이상한 논리를 들이댄다. 게다가 최근 자발적으로 단체 행동을 조직하는 여성들은 정치인도 아니고 사회운동이 본업도 아닌 사람들인데, 자기 자신과 연계된 일에 분개하는 게 그리 이상한 일인가.

일부 남성들은 그저 여성들의 '화'가 불편한 것이다. 본인은 딱히 일베처럼 나서서 여성 혐오를 적극적으로 하는 것도 아닌데, 자꾸 남자들을 다 싸잡아 욕하는 것 같은 여성들의 단체 행동이 꼴 보기 싫다. 여성들이 '왜' 그러는지 이유를 모르기 때문이다.

이유는 간단하다. 여성들이 깨달았기 때문이다. 원하는 것은 쟁취해야 한다는 것. 누군가 쉽게 손에 쥐어주는 게 아니라는 것을 깨달은 것이다. 그래서 목소리를 내기 시작하고 행동하고 싸우는 것이다. 싸움은 원래 더럽다. 고상한 척, 착한 척 하면서 싸움에서 이길 수 있나? (원래 당연히 제 것이었지만 빼앗겨 있던 것을 다시) 빼앗으려는 여성과, 빼앗기지 않으려는 남성. 이대로 가다간 정말 서로가 서로를 굉장히 싫어하게 될 것만 같아 걱정도 된다. 평화적인 방법은 없을까.

남성 입장에서는 그리 어렵지 않게 평화적으로 이 갈등을 해결할 수 있는 방법이 있다. 여성을 있는 그대로 자신들과 동등한 존재라는 것을 인정하는 것이다. 아, 지금도 그렇게 잘 하고 있다고?

'혐오' 얘기를 다시 꺼내지 않을 수가 없다. 국어사전에 '혐오'는 '싫어하고 미워함'이라 정의되어 있다. 그러니까 대다수의 남성들이 자신은 절대 여성을 혐오하지 않는다고 생각한다. 왜냐하면 '나는 여자 진짜 좋아하거든.' 그래, 그렇게 콕 집어 강조하지 않아도 얼마나 여자를 많이들 좋아하는지 아주 잘 알고 있다.

내가 활동하는 동호회 한 군데는 남자들이 대다수다. 그곳에서

인기도 많고 점잖은 한 30대 후반 남자분이 여름휴가 때 다녀온 해수욕장 이야기를 꺼내며 '요새 래시가드 때문에 비키니 입은 여자를 찾아볼 수가 없다. 래시가드 발명한 사람은 사형에 처해야 한다'고 불만 섞인 농담을 쏟아냈다. 나는 어이가 없어서 웃었는데, 그 자리에 있던 모든 남자들이 그의 말에 진지하게 동의를 표하는 것을 보고 '아, 정말 남자들은 여자들의 벗은 몸이 그렇게나 좋은 건가. 이건 정말 내가 어찌할 수 없는 동물적 본능인건가' 싶었다. 그래서 사실 이제는 여성을 향한 남성의 멈추지 않는 욕망과 성적 대상화에 대해서는 포기하기 직전이다. 여성을 섹스 대상인 '이성(異性)'으로 바라보기에 앞서 우선은 여성도 남성과 똑같은 '인간'이라는 생각을 먼저 좀 가졌으면 좋겠는데, 참으로 쉽지가 않아 보인다.

사실 이것도 여성 혐오의 일종이다. 이게 무슨 여성 혐오냐고? 여자를 좋아한다니까 무슨 말도 안 되는 소리냐고? '여성 혐오(misogyny)'란 여성을 남성과 동등한 존재로 여기지 않는, 즉 여성에 대한 부정적 편견, 차별, 멸시, 성적 대상화, 비하, 폭력 등을 모두 포함한 것이다. 끝판왕이랄까. 그러니까 지금까지 '혐오'라는 단어의 사전적 정의, 뉘앙스, 그 말본새가 마음에 안 들어서 '혐오가 지닌 진짜 의미'를 들여다보지 않았던 남성들은 '여성 혐오'라는 말의 정의 자체를 오해했을 가능성이 크다. '여성 혐오'를 하지 않는 유일한 방법은 '여성을 남성과 동등하게 소중하고 독립적인 인격체로 인정하는 것' 뿐이다.

남성들이 한 발자국 움직여볼 때다. 약육강식의 시스템 속에서 약자였던 여자들을 다양한 방법으로 '혐오'하며 기회를 오랫동안 약탈해왔으며, 지금까지의 세상은 남자들에게 유리한 판이었다는 것을 인정해야 한다. 그리고 그동안 이 판에서 배제되어 왔던 여자들이 다시 뛸 수 있도록 '다소 억지로라도' 원상복귀 시켜놓아야 한다는 것을 받아들인다면 갈등은 점차 사라질 것이다.

여성 입장에서는 선택권이 별로 없다. 상대인 남성들이 평화적으로 해결하려는 의지가 없으면 여성의 선택은 계속 싸우는 것밖에 없기 때문이다. 지금까지는 어떻게든 되겠지, 하고 흘러가는 대로 참고 살아왔지만, 이제는 아니다. 이미 싸움은 시작됐다. 탄핵을 이끌어냈던 촛불집회도 비폭력 무혈혁명처럼 보이긴 했지만, 엄청난 분노가 응축된 여러 사람의 힘과 노력이 필요한 일이었다. 그 분노의 크기를 가늠해본다면 그것을 단순히 평화적인 해결이었다고 말하긴 어렵다. 지금 그 잘못된 권력을 내려놓지 않으면 조만간 폭발할 것 같은 민중의 힘을 느꼈기 때문에 한 발 물러난 것이다. 빼앗고 싶다면, 그것을 쥐고 있는 자가 다시 쉽게 내어주지 않는 한 평화적으로 해결할 수 없다.

그 와중에 나는 가장 센 놈을 들고 왔다. 군대에 가자고. 군대에 가서 의무를 다하는 국민으로 인정도 받고, 훈련 받고 강해져서 진짜 전쟁 하자고. 세상은 계속해서 힘의 논리로 돌아가는데 약자가 계속 약하다고 뒤로 물러나거나 우린 다르다며 고상한 척 해봐야 얻는 게 없다. 군대 가서 악착같이 버티고 어떻게든 살아남아서 우리 자식들에게는 좀 더 그럴듯한 세상을 물려주자. 여성들도 티 나는 희생하고, 티내자. 그리고 강자가 되자.

에필로그 : 더 이상 '약자'로 살고 싶지 않다

나는 내가 '약자'인 것이 싫었다. 나는 충분히 강하다고 생각했다. 모든 것은 개개인의 차이일 뿐, 굳이 사람들을 성별로 구분해서 '남자는 이렇고 여자는 저렇고' 그것이 정답인 양 이야기하는 사람들이 이해되지 않았다.

지금도 나는 모든 인간은 각각의 독립된 존재로서 자신의 삶을 사는 것이 옳다고 믿는다. 그런데 나와 다르게 생각하며 사는 사람들이 많은지, 갈수록 벽에 부딪혀 튕겨 나오는 일이 늘어났다. 대놓고 말하는 사람도 많았다. 내가 여자이기 때문이라고. 그래서 나는 다른 여성들과 다르다는 점을 보여주면서 생존해왔다. 그렇게 십수 년 간 여성도 남성도 아닌 '명예남성'으로 살아왔다. 유리할 때도 많았다. '여잔데 군대를 다녀왔다고?' 눈이 휘둥그레지면서 나를 대하는 태도가 달라진다. 그러다가 불현듯 깨달았다. 내가 아무리 발버둥을 쳐도 사람들은 나를 '여성'이라는 틀에 가둬놓는구나. 그리고 나는 여성임을 선택하지도 않았지만, 결국 버릴 수도 없구나. 그러면서 드디어 '약자'에 대해 들여다보게 되었다. '약함'이 절대 잘못이 아니라는 것을 깨달은 지도 얼마 되지 않았다. 그와 동시에 세상은 약자에게 너무도 가혹하다는 사실을 깨닫게 되었다. 약자에 대한 폭력에 저항하는 기존의 방식으로는 부족하다는 생각이 들었다.

혼자 바꿀 수는 없어 보였다. 그렇다고 내가 이제서야 어려운 여성학 공부해서 석사 박사 된다고 해결될 문제 같지도 않았다. 지금껏 내가 주장한 이야기들은 많은 여성학자들로부터 비판받을지 모른다. 하지만 나는 지금 여성들이 겪고 있는 수많은 난제들을 여성학자나 적극적인 시민운동가들만이 해결할 수 있다고는 생각하지 않는다.

마음먹고 따지고 들자면 이 세상 바꾸고 싶은 게 어디 한두 가지겠나. 도대체 왜! 둘이 결혼해서 아이를 낳았는데 그 아이의 성(姓)은 아버지를 따르는 것이 기본 값인지, 왜! 결혼하면 남자네 조상 제사상을 여자가 차려야 하는지, 심지어 그러면서 며느리는 절도 못하게 하는지, 왜! 결혼할 때 남자는 집을 준비하고 여자는 혼수를 해가야 하는지, 왜! 명절에 남편 부모님 집에 먼저 가야 하는지… 한도 끝도 없다.

엊그제 다녀 온 친구 결혼식에서 친구 신랑이 스스로 작성한 성혼선언문을 읽자 하객들의 환호성과 박수가 터져 나왔다. "음식물 쓰레기, 분리수거, 화장실 청소는 제가 담당하겠습니다. 집안일도 잘 '돕는' 남편이 되겠습니다."라고 했기 때문이다. 그는 순식간에 엄청 개념 있고 멋진 남편이 됐다. 물론 내 친구는 제 신랑 못지않게 월급 받고 일하는 직장인이며, 신혼집은 '반반' 했다. 그래도 여전히 집안일은 남편이 '돕는' 일이란다.

어디서부터 어떻게 손을 대야 하는지 생각만으로도 지칠 판이다. 그런데 이렇게 사사건건 시비 걸면 '그렇게 매사에 삐딱해서는, 도대체 어떻게 세상을 살아가느냐'고 꼴페미 취급을 하며 내 얘기를 들어주지도 않을 것을 너무도 잘 알기에 작전을 바꿨다.

눈치챘는지 모르겠지만, 나는 여성 징병제 찬성 논리를 펼치면서도 군데군데에 여성으로서 살아가는 어려움을 토로하고, 여성 해방을 위한 나름의 대책들을 늘어놓았다.

세상은 너무 천천히 조금씩만 바뀐다. 아무리 백세 시대라 해도 나는 앞으로 칠십 살밖에 못 산다. 왕성하게 활동 가능한 나이로 따지면 내 부실한 몸뚱이로 봤을 때 많이 잡아도 삼십년이다. 여성이 있는 그대로, 주체로서 살아갈 수 있는 세상은 어쩌면 북한과의 통일보다도 늦게 올지 모른다. 나는 하루라도 빨리 내가 여성이라는 이유로 차별받지 않는 세상에 살고 싶다. 모든 여성들이 편견으로부터 자유로운 세상이 오길 바란다.

그런 세상이 오면 남성들에게도 좋을 것이다. 그들도 견디기 힘든 책임감과 부담으로부터 해방될 수 있다. 핵심은 '여성 해방'이지만, 그것은 정말 남성에게도 좋은 일이다. 물론 여자에게만 좋다고 하면 너희들끼리 하라고 외면할까봐 끼워 팔기 하는 게 솔직한 나의 심정이지만 말이다.

일반 남성들도 읽고 싶을 만한 페미니즘 책을 쓰고 싶었다. 그중에서도 차별주의자 남성들. 어차피 페미니즘 도서를 스스로 찾아서 읽는 남자라면 이미 차별주의자가 아니거나 차별주의자이더라도 금방 그 구렁텅이에서 벗어날 확률이 높다. 알아서 잘 하는 사람들보다는 도무지 움직이지 않지만 꼭 바뀌어야 하는 사람들에게 통할 이야기를 하고 싶었다. 우리 주변의 차별주의자들은 아무리 양질의 페미니즘 도서가 쏟아져도 읽어볼 생각이 없다. 그게 맞는 소리건 아니건 본인에게 득 될 것이 없기 때문이다. 그래서 나는 진짜 바뀌어야 할 사람들의 머릿속에 조금이나마 침투해 보고 싶었다.

행군 갈 때 얼굴에 바르는 시커먼 위장크림처럼, 어쩌면 '여성 징병제'는 '이 땅의 여자들이 정말 힘들게 산다'는 것을 들려주기 위해 꺼낸 미끼에 불과할지도 모르겠다. 아, 물론 여성 징병제에 찬성한다는 입장은 맹세코 진심이다. 다만 책의 제목만 보거나 대충 훑어보고 엉뚱하게 자기에게 유리한 일부 구절만 인용해서는, '이것 봐라, 역시 여자는 징병되지 않으니까 차별 받아도 돼'라는 개떡 같은 소리는 하지 않았으면 좋겠다. 한 번 더 강조한다. 내가 큰마음 먹고 쓴 이 글을, 차별주의자들이 또 다른 여성 혐오의 수단으로 써먹지 않기를 바란다. 나는 차별과 혐오가 넘치는 이 판을 한 방에 뒤

집기 위한 초강력 해결책으로 여성 징병제 카드를 내놓은 것이지, 여성이 징병되지 않는 것이 여성 혐오의 근거라고 말하는 것이 아니다. 둘은 엄연히 다르다. 그동안 페미니즘에 대해 무관심했던 사람들이 '대체 이게 뭔데 군대까지 가자고 이 난리인지' 조금이라도 관심을 갖고 다양한 의견을 주고받게 된다면, 그것은 얼마든지 환영이다.

남성의 참여를 구걸하는 것 같은 나의 글에 자존심 상하는 여성들도 있을 것이다. 여성의 힘만으로 이뤄내면 좋겠지. 우리가 독립운동해서 스스로 주권을 되찾았으면 당연히 훨씬 좋았겠지. 그렇지만 역시 현실의 벽이 높다. 너무 오래 걸린단 말이다.

본격적으로 여자와 남자 편 가르기 한다고 기분 나빠하는 사람들도 있을 것이다. 굳이 잘 지내는 사람들 사이 이간질하는 것처럼 느껴질 수도 있다. 근데, 우리 냉정하게 생각해보자. 지금 편이 안 갈라져 있나? 내가 갑자기 좋던 사이를 훼방놓고 있나? 지금 여성들은 남성에 비해 더 어려운 상황에서 고군분투하며 매일매일 전쟁을 치르고 있는 것 아니었나? 그래, 놀랍게도 진짜로 이 세상 모든 여자와 남자가 잘 지내고 사랑하는 사이라면, 더 잘 됐다. 서로를 제대로 사랑하기 위해서는 진실을 알아야만 한다. 상대의 고통에 관심도 없으면서 감히 사랑한다고 말할 수는 없지 않은가. 이참에 서로가 무엇 때문에 힘들어 하고 있는지 제대로 귀기울여보면 되겠다.

여성은 사회적 약자로서 힘들게 살아가고 있다. 동일한 능력과 동일한 노력으로도 남성에 비해 평가절하된 삶. 지금의 여성들이 처한 상황은 이 정글에서 살아남기에 너무나 불리하다. 똑같이 12시간씩 열심히 일하는데 그만큼 돈을 안 준다. 나중에 애 낳고 그만 둘까봐 처음부터 채용을 안 해준다. 애 낳으러 가면 자리가 없어진다. 애 키우다보면 감각 떨어진다고 이제 갈 곳이 없다. 이런 상황들을 개선하기 위해서는, 즉 우리에게 한정된 자원과 권한을 재분배하기 위해서는, 이미 그것을 갖고 있는 기득권(여성의 입장에서는 남성)에게서 그것을 회수하는 절차가 선행될 수밖에 없다. 연말 성과평가에서 내가 S를 받기 위해서는 누군가가 C를 받아야 하고, 서민들 복지 혜택을 늘리기 위해서는 부자들에게 증세하고 돈 잘 버는 기업들 법인세 올리는 것처럼 말이다. 어느 정도의 제로섬은 발생한다. 그 과정에서 생기는 잡음과 상처는 최소화하려 노력해야겠지만, 일정 부분은 어쩔 수 없이 감수해야 할 것이다. 이것은 성 평등뿐만 아니라 부자와 빈자 사이의 재분배 등 모든 정치적 상황에서 똑같이 발생되는 문제이다. 그래서 모든 것이 맞물려 돌아가게 되어 있다.

100% 옳은 논리를 가지고 책상머리에서 싸우는 사람도 필요하지만, 이런저런 의견들을 운동장에 빨리 던져놓고 줄다리기 할 사람도 있어야 한다. 과정도 중요하지만 빠른 결과도 요구되는 법이

다. 그래서 공격당할 구멍이 있다는 것을 알면서도 끝까지 내 주장을 밀고 나가기로 했다.

영화 '히든 피겨스'의 주인공은 미국 나사에서 근무하던 1960년대 흑인 천재 여성들이다. 그들은 주어진 환경에서 최선을 다했지만 결국 사상이 깨어있는 백인 남성의 도움이 없었으면 제 능력과 꿈을 펼치기 어려웠을 것이다. 나도 안타깝고 열 받는다. 그래도 어쩌겠는가. 이것이 가장 빠른 방법이라면 해볼 만하지 않은가. 여성은 물론이고 남성도 함께 해주었으면 좋겠다. 세상의 모든 존재가 동등하다고 믿는 깨어있는 시민들 모두가 여성운동에 동참해주길 진심으로 바란다.

아참, 그리고 만약 여성들이 진짜 군대에 가게 된다면 말이다. 나름의 사정으로 군대에 가지 '못'하는 또 다른 사람들을 차별하지는 말자. 겪어봐서 알지 않나. 그것이 얼마나 서러운 일인지.